HANNOVER IN WORT UND BILD

Nach einer Original-Radierung von Hugo Ulbrich. Kunstverlag von Alfred Langewort in Breslau und Berlin.

MARKTKIRCHE UND ALTES RATHAUS.

HANNOVER

IN WORT UND BILD

HERAUSGEGEBEN
VOM
VEREIN ZUR FÖRDERUNG DES FREMDENVERKEHRS
IN HANNOVER

TEXT VON ADOLF KIEPERT

MIT 286 ILLUSTRATIONEN NACH ORIGINALGEMÄLDEN UND ORIGINALZEICHNUNGEN
VON
DIECKMANN, FIERMANN, PROFESSOR HAMMEL, PROFESSOR HILDEBRAND,
PROFESSOR JORDAN, RAMBERG, PROFESSOR SCHAPER, STÖCKE, ULLBRICH,
SOWIE NACH PHOTOGRAPHISCHEN ORIGINALAUFNAHMEN

HANNOVER 1910
VERLAG VON ADOLF KIEPERT, HOFBUCHHÄNDLER

CIP-Kurztitelaufnahme der Deutschen Bibliothek

Kiepert, Adolf:
Hannover in Wort und Bild / Text von Adolf Kiepert. Hrsg. vom Verein zur Förderung d. Fremdenverkehrs in Hannover. Mit 286 Ill. nach Orig.-Gemälden u. Orig.-Zeichn. von Dieckmann . . . sowie nach photograph. Orig.-Aufnahmen. — (Nachdr. d. Ausg.) Hannover, Kiepert, 1910, 2. Aufl. — Hannover: Schlütersche, 1981.
ISBN 3-87706-181-8

Diesem Reprint liegt das Exemplar Han 100/34 d der Stadtbibliothek Hannover zugrunde.

Der Nachdruck erfolgte mit freundlicher Genehmigung des Amtes für Verkehrsförderung.

Druck: Schlütersche Verlagsanstalt und Druckerei — GmbH & Co. —, Hannover.

VORWORT

Als vor 70 Jahren der Hofbuchhändler Adolf Kiepert liebevoll und patriotisch sein Hannover beschrieb und mit sehr viel Sorgfalt Gemälde, Zeichnungen und fotografische Originalaufnahmen auswählte, sie zu einem Buch zusammenstellte und veröffentlichte, konnte er nicht ahnen, welche Fundgrube an Erinnerungen er damit für Hannover von heute schaffen würde. Sein im Selbstverlag erschienenes Buch ist längst vergriffen. Nur in Bibliotheken, Archiven und bei privaten Sammlern finden sich noch einzelne Exemplare dieser Kostbarkeit.

Darum besteht aller Anlaß, der Schlüterschen Verlagsanstalt dafür zu danken, daß sie diese bibliophile Kostbarkeit wieder entdeckt hat und als Reprint allen Bücherfreunden und besonders den Freunden Hannovers anbietet. Manchem Betrachter werden Text und Illustrationen ein Leitfaden in die Vergangenheit sein. Andere werden Vergleiche ziehen zwischen der im Krieg untergegangenen Stadt und dem aus den Trümmern erwachsenen Hannover unserer Tage. Möge jeder Leser und Betrachter auf seine Weise sich dieses Buches erfreuen.

Herbert Schmalstieg
Oberbürgermeister
der Landeshauptstadt Hannover

Dr. Peter Fischer
Vorsitzer des
Verkehrsvereins Hannover e. V.

HERRN

STADTDIREKTOR HEINRICH TRAMM

VEREHRUNGSVOLL ZUGEEIGNET

VOM

VEREIN ZUR FÖRDERUNG DES FREMDENVERKEHRS
IN HANNOVER

HANNOVER

Heil dir, mein Niedersachsenland,
Gesegnet reich vor allen!
Das Meer küßt jauchzend deinen Strand
Mit wildem Wogen und Wallen.

Dich grüßt in hellem Purpurkleid
Die holde, hehre Heide;
Fruchtfelder, Wiesen schimmern weit
In funkelndem Blütengeschmeide.

Dir braust im Sturm der Wald sein Lied,
Erzählt von Heldensagen,
Und über Hünengräber zieht
Gespenstisch der Wolken Jagen.

Hoch über stiller Täler Pracht
Sich Fels auf Felsen türmen,
Bergriesen halten treue Wacht,
Die Heimat, die Heimat zu schirmen.

Manch schmuckes Dorf grüßt aus dem Grün,
Viel stolze Städte ragen,
Und all der Orte frisches Blüh'n
Ist Zeuge von „Wägen und Wagen".

Das ist der Niedersachsen Schlag,
Erst stat in allen Dingen,
Dann durch zum Ziel, was kommen mag,
Nie rastend in freudigem Ringen.

Wer Land und Volk erprobt erst hat,
Liebt sie mit heißer Minne,
Und liebt Hannover, die herrliche Stadt,
Des Landes Königinne.

Federzeichnung von H. Fiermann.

Einst regten sich viel tausend Hände,
Mit starken Mauern, stolzen Türmen,
Hannover vor Gefahr zu schirmen,
Wenn grimmer Feind im Felde stände;
Und galt's, dann hat des Bürgers Schwert
Im Heldenkampf sich oft bewährt.

Die wilden Zeiten sind entschwunden.
Wo düstres Mauerwerk einst ragte,
Der Turmwart Einlaß dem versagte,
Des Recht er nicht verbrieft befunden,
Da dehnt sich jetzt ein Blütenmeer,
Drängt sich und flutet der Verkehr.

Doch jetzt wie einst ein rastlos Regen.
Hannovers Wachsen und Gedeihen
Will jeder Sohn der Stadt sich weihen
Bis zu des Herzens letzten Schlägen.
Noch bleibt, wie einst, Hannovers Ruhm
Sein treues, wackres Bürgertum.

SKALDENSANG. Aus dem Eddafries von Professor Engelhard im Welfenschloß.

I. GESCHICHTE DER STADT HANNOVER

Da, wo die letzten Ausläufer des deutschen Mittelgebirges sich zur norddeutschen Ebene niedersenken und die fruchtbaren, reichgesegneten Fluren des Calenberger Landes sich breiten, strömten zu Anfang der christlichen Zeitrechnung der Leine Fluten wasserreicher als jetzt durch wilden Urwald und weitgedehnte Moore. Häufige Überschwemmungen machten jeden Verkehr unmöglich. Nur eine Bodenanschwellung, die vom Deister zum Lindener Berge sich hinzieht, den Fluß in hohe Ufer einzwängt und dann bis in die Gegend von Neustadt a. R. reicht, bildete den von der Natur geschaffenen Heer- und Hellweg.

Diese hohen Ufer, vor jeder Überflutung gesichert und stets geeignet zu günstigem Übergang, wurden da, wo jetzt die Marstallstraße liegt, zum Kreuzungspunkte der großen Heerstraße, welche von West nach Ost am Rande des deutschen Mittelgebirges sich hinzog, und der Handelsstraße, die von Norden nach Süden sich erstreckte, die Wesermündung mit Thüringen verbindend. Hier setzte der Fährmann die Lastwagen über den Fluß, hier hielten die des Weges Dahinziehenden Rast. Und da auch bei den engen hohen Ufern eine Stromschnelle der Schiffahrt auf der Leine ein Ziel setzte und eine Umschlagstelle nötig machte, war es nur natürlich, daß sich schon in sehr früher Zeit eine Niederlassung von Handelsleuten und Handwerkern aller Art bildete, denen bald, gelockt von dem fruchtbaren Boden, Ackerleute folgten, die den Urwald lichteten und die Moore trocken legten. Den hohen Ufern der Leine (honovere) verdankt die Ansiedelung, die spätere Stadt Hannover, zuerst „Honovere", ihren Namen. Ist auch deren historischer Beginn in undurchdringliches Dunkel gehüllt, so erzählen doch die hier und in der Nähe aufgefundenen Aschenkrüge und Urnen*, daß die Anfänge des Dorfes Hannover und die Besiedelung seiner Umgebung weit in die heidnische Zeit hineinreichen.

* Solche Funde wurden 1737 bei der Marktkirche, 1717 zwischen Limmer und Herrenhausen, 1809 auf der Bult, 1843 zwischen Döhren und Wülfel, 1845 zwischen Seelhorst und Bemerode gemacht. Auch 1864 wurden auf dem Engesohder Friedhofe gegen 50 Urnen mit Beigaben in Bronze, und im gleichen Jahr bei Anlage des Kirchröder Kirchhofs ein großes Urnenfeld entdeckt. Desgleichen fanden sich bei der Abtragung des Buchenberges zwischen Limmer und Ahlem 1889—1893 Hunderte von Urnen mit Pfeilspitzen und Gerätschaften aus Bronze. Ja, auch aus der Steinzeit wurden im Flußbett der Ihme Hirschhornäxte, in der Eilenriede bei Hannover und Buchholz schön geschliffene Steinkeile und Steinhämmer gefunden, die auf eine noch viel frühere Kulturepoche hinweisen. Sie werden im Provinzialmuseum aufbewahrt. Aus früher Zeit stammten auch die uralten Befestigungsanlagen, 3 m hohe Umwallungen, welche bis vor wenigen Jahren bei Herrenhausen (Gernandesburg) und zwischen Bemerode und Döhren (Garkenburg) lagen.

ÄLTESTES STADTSIEGEL (1266).

Wahrscheinlich ist, daß Karl der Große an dieser für den Verkehr wichtigen Stelle ein Amthaus errichtete und Amtleute einsetzte, die seine Domänen verwalteten und die Gerichtsbarkeit ausübten.

Die erste Erwähnung Hannovers verdanken wir dem Biographen des heiligen Bernward († 1022) Thankmar (Anfang des 12. Jahrhunderts), der unter den Wundern, die sich am Grabe des heiligen Bischofs vollzogen haben sollen, auch die Heilung eines kranken Mädchens „in vico Honovere“ aufzählt.

Im Jahre 1163 hielt Heinrich der Löwe eine große Versammlung von weltlichen Fürsten, Bischöfen und Äbten in Hannover ab, das damals also schon größere Bedeutung gehabt haben muß, und unter der Lehnsherrschaft der Grafen von Rode stand.

Diese errichteten Honovere gegenüber auf dem „Berge“, wo jetzt die Synagoge steht, eine feste Burg „Lauenrode“, die erstmalig 1215 erwähnt wird*.

In den Kämpfen zwischen Heinrich dem Löwen und Kaiser Friedrich I. wurde Hannover 1189 von des letztern Sohn, König Heinrich, in Brand gesteckt und verwüstet. Nur sehr langsam erholte es sich von diesem harten Schlage.

Urkundlich wird Hannover erstmals 1202 als „oppidum“ (Flecken) erwähnt, während eine weitere Urkunde von 1241 die Bezeichnung „civitas“ (Stadt) gebraucht. Demnach würde die Erhebung Hannovers zur Stadt im Anfang des 13. Jahrhunderts stattgefunden haben.

Nach dem Tode Heinrichs des Löwen (1195) fiel Hannover an den Herzog und Pfalzgrafen Heinrich, der es 1223 seinem Neffen, Otto dem Kind, dem Stifter der ältern braunschweigischen Linie, überließ. Am 25. Juni 1241 bestätigte dieser die Rechte der Stadt und erteilte ihr neue Privilegien, welche den Bürgern eine selbständige Verwaltung der Stadt zusicherten. Bei der Teilung der welfischen Lande (1267) fiel Hannover an Herzog Johann von Lüneburg. Das Gemeinwesen blühte kräftig auf; die alten Kirchen St. Georgii et Jacobi (jetzt Marktkirche) und St. Egidii (jetzt Ägidienkirche) genügten nicht mehr. Eine neue Gemeinde wurde 1284 begründet und für sie die Kirche St. Spiritus erbaut, an deren Stelle 1333 die Kreuzkirche trat. Um dieselbe Zeit (1334) wurde am Klagesmarkt auf den Grundmauern einer uralten Kapelle, die im 9. Jahrhundert auf einer altheidnischen

STADTWAPPEN 1909.

* Graf Konrad von Rode trat im Jahre 1241 das Lehen an Otto das Kind wieder ab.

Opferstätte errichtet sein soll, die Nicolaikirche erbaut.

Neben der Altstadt, die durch das von der Leine, der jetzigen Schillerstraße, Georgstraße und dem Friedrichswall umschlossene Terrain gebildet wurde, bestand seit längerer Zeit die 1283 zuerst erwähnte Neustadt, größtenteils Höfe adeliger Familien, welche sich um die Burg Lauenrode lagerten. Im Jahre 1369 kam die Stadt mit der Burg Lauenrode an den Herzog Magnus von Braunschweig, der durch Leidenschaft und Härte sich sehr unbeliebt machte. Diesem trat Herzog Albrecht von Sachsen, unterstützt von Kaiser Karl IV., mit Erbansprüchen entgegen.

Nachdem die Lüneburger das ihre Stadt bedrohende Schloß des Herzogs Magnus auf dem Kalkberge gestürmt, die braunschweigische Besatzung vertrieben und dem Herzog Albrecht gehuldigt hatten, zog dieser 1371 mit einem Fähnlein seiner Sachsen gen Hannover und forderte die Bürgerschaft zur Berennung der

Original-Aufnahme von Karl F. Wunder, Hannover.

ÄGIDIENKIRCHE
bereits 1238 urkundlich erwähnt, 1345 umgebaut;
der Renaissanceturm erst 1703—17 aufgeführt.

Original-Aufnahme von Ew. Steinmetz & Co., Hannover.

NICOLAIKAPELLE (jetzt Englische Kirche).

Original-Aufnahme von Karl F. Wunder, Hannover.

KREUZKIRCHE.

Orig.-Aufnahme von Aug. Bies, Hannover.

ALTER FESTUNGSTURM AM NEUEN WEG.

verhaßten Burg Lauenrode auf. Die Sturmglocke heulte, die Bürger griffen zur Armbrust und Streitaxt, erstiegen mit dem Ungestüm lang verhaltenen Grolls des festen Schlosses Mauern, vertrieben nach heißem blutigen Ringen Mann gegen Mann die Besatzung. Mächtig brauste der Siegesjubel von der Zwingburg Zinnen.

Herzog Albrecht übergab diese am 1. Juni 1371 der Bürgerschaft.

Die Türme und festen Mauern der Burg wurden niedergelegt, der Berg abgetragen, Erde und Steine zu stärkerer Befestigung der Stadt, die mit Wassergräben, hohen Mauern und 36 Türmen umschlossen wurde, verwandt, auf dem Grund und Boden aber, auf dem die stolze Burg gestanden, wurde der Schießplatz angelegt und der „Papagoienbom“ aufgerichtet. Dort übten sich allwöchentlich die Bürger unter Leitung ihrer Rottenführer im Armbrustschießen.

In den Probe- und Freischießen, welche von Zeit zu Zeit veranstaltet wurden, um die erlangte Fertigkeit zu erweisen, ist der Ursprung der deutschen Schützenfeste zu suchen.

Zur Verteidigung der Stadt war die wehrhafte Bürgerschaft nach den vier Hauptstraßen in vier Fähnlein geteilt, die sich beim Ertönen der Sturmglocke auf bestimmten Plätzen zu sammeln hatten. Den Oberbefehl führten Söhne hannoverscher Geschlechter.

Von den ehemaligen Befestigungen sind nur noch dürftige Reste der alten Stadtmauer, sowie vier von den ehemaligen Festungstürmen, der Beguinenturm am Marstall und die Türme am Neuen Weg, an der Friedrichstraße Nr. 11 und im Loccumer Hof, bis auf die heutige Zeit erhalten geblieben. Die Außenbefestigungen, welche in weitem Umkreis die Stadt umgaben, bildeten tiefe Gräben, Wälle, Verhaue und Landwehrtürme, so der Lister Turm, Pferdeturm, Kirchröder Turm, Döhrener Turm u. a. m.

Zwei Jahre nach der Erstürmung der Burg Lauenrode fiel Herzog Magnus bei Leveste unweit Hannover in einer Fehde gegen seinen Schwager, den Grafen Otto von Schaumburg.

Herzog Albrecht, der den Kampf gegen Wegelagerer und Raubritter, so auch gegen den gefürchteten wilden Dietrich von Mandelsloh aufgenommen hatte, wurde am 28. Juni 1385 bei einem Sturm auf dessen in der Nähe von Hannover bei Wunstorf gelegenen Burg Ricklingen durch einen Stein, den des Schloßherrn

Original-Aufnahme von W. Wehrhahn, Hannover.

ALTER FESTUNGSTURM AN DER FRIEDRICHSTRASSE.

ERSTÜRMUNG DER BURG LAUENRODE (1371)
und
VERBRENNUNG DES DÖHRENER TURMS DURCH HERZOG HEINRICH VON BRAUNSCHWEIG (1486).

Wandgemälde von Professor Schaper im alten Rathaus.

Original-Aufnahme von F. Reinecke, Hannover.

BEGUINENTURM.

Original-Gemälde von Professor Jordan.

PAPAGOIENSCHIESSEN IN HANNOVER.

Original-Aufnahme von W. Wehrhahn, Hannover.

MAGNUS-DENKMAL BEI LEVESTE.

Tochter Sophie aus einer Bliede geschleudert, tödlich getroffen und erlag dieser Verwundung. Ein Denkmal mit dem todbringenden Stein bei Ricklingen erinnert an jene Begebenheit.

1389 nahmen die Herzöge Bernhard und Heinrich, zwei Brüder, Nachkommen Heinrich des Löwen, nach langen blutigen Fehden die Huldigung der hannoverschen Bürgerschaft entgegen und beschworen deren Rechte und Freiheiten.

Im Jahre 1404 schloß die Stadt mit Bremen einen Vertrag wegen der Schiffahrt auf der Leine ab. 1429 trat sie dem Hansabunde bei. Handel und Wohlstand hoben sich mehr und mehr.

Mit dem Wachstum der Stadt und dem Bewußtwerden der eignen Kraft wuchs das Streben der Bürgerschaft nach Unabhängigkeit.

Wiederholt galt es in jener fehdereichen Zeit, die verbrieften Rechte auch gegen die eignen Fürsten mit der Waffe in der Hand zu schützen.

So zog Herzog Heinrich von Braunschweig, der Hannovers Bürgerschaft zürnte, weil sie den Hildesheimern in einer Fehde gegen seinen Vater Hilfe geleistet hatten, im August 1486 gegen die Stadt und beschoß sie mit Kartaunen; der Angriff wurde jedoch von der Bürgerschaft siegreich zurückgeschlagen.

An diesen Überfall knüpft sich die Sage von Hannovers Spartanern.

Sieben tapfere Verteidiger des Döhrener Turmes, der die von Braunschweig nach Hannover führende Straße deckte, streckten jeden der sich nahenden Angreifer mit sicherm Schusse nieder. Da ließ der ergrimmte Herzog mächtige Scheiterhaufen um den Turm aufschichten und so die Helden, die seinen Zug aufgehalten, bei lebendigem Leibe verbrennen. Ein im Döhrener Turm in halber Höhe eingemauerter Stein zeigt noch jetzt, wie weit der Turm damals zerstört worden ist; auch soll sich ein Epitaph „zur Erinnerung an sieben elendiglich zu Tode gekommene Männer", welches sich an einem der äußern südlichen Strebepfeiler der Ägidienkirche befindet, auf jenen Vorgang beziehen.

Was der Gewalt nicht gelungen war, sollte durch List erreicht werden.

In der Nacht vom 23. zum 24. November 1490 zog derselbe Fürst, trotzdem er der Bürgerschaft Hannovers Frieden gelobt hatte, mit 800 Reitern und 3000 Mann Fußvolk heimlich der Stadt zu. Frachtwagen, die mit Leinwand überspannt waren, unter der sich Bewaffnete bargen, sollten bei Anbruch des Tages, wenn die Tore geöffnet wurden,

Original-Aufnahme von W. Wehrhahn, Hannover.

HERZOG ALBRECHT-DENKMAL BEI RICKLINGEN.

durch diese in die Stadt fahren. Dann sollten die Bewaffneten hervorbrechen, die Tore besetzen und für das nachdringende Heer des Herzogs offen halten. Der Anschlag mißlang, da ein Bürger, Cord Borgentrick, der sich verspätet, die Tore der Stadt verschlossen gefunden und außerhalb der Stadtmauer bei der Marienkapelle Unterkunft gesucht hatte, den Feind gewahrte und die Wächter alarmierte.

Nach sieben Wochen vergeblicher Belagerung mußte Herzog Heinrich wieder abziehen.

In der Erbteilung von 1495 wählte Herzog Erich I., der jüngere Bruder des Herzogs Heinrich, Hannover und das Calenberger Land mit den Worten: „Dat Land twischen Deister und Leine, dat is dat rechte, dat ick meine.“ Im 16. Jahrhundert traf Hannover viel Unheil. 1519 verlor die Stadt ihren lebhaften Schiffahrtsverkehr mit Bremen. Die Pest wütete wiederholt in ihren Mauern, blutige Fehden verwüsteten das Land, und die Einführung der Reformation rief Zerwürfnisse zwischen der Bürgerschaft auf der einen, der Geistlichkeit und dem Rat auf der andern Seite hervor.

Immer heftiger wurde das Verlangen der Gemeinde nach der reinen Lehre des göttlichen Wortes. Es kam zu erregten Szenen vor dem Rathause, an dem Platze, wo sich jetzt das Lutherdenkmal erhebt.

Am 14. September 1533 verließen die zwei Bürgermeister, der Rat und die katholische Geistlichkeit Hannover und zogen nach Hildesheim. (Bürgermeister und Rat kehrten nach kurzer Zeit zurück.) Die Reformation wurde allgemein eingeführt. Die Bürgerschaft hatte gegen den Willen des Herzogs, gegen Rat und Mönchtum sich die protestantische Freiheit erzwungen. Im Jahre 1536 trat Hannover dem Schmalkaldischen Bunde bei.

Das 17. Jahrhundert brachte die Schrecken des dreißigjährigen Krieges, die auf Hannover schwer und sorgenvoll lasteten, wenn die Stadt auch vor Zerstörung bewahrt blieb.

Am 3. November 1625 kam es vor den Toren der Stadt bei Seelze zum Kampfe zwischen dem Heere Tillys und dem dänischen Reiterregiment des Herzogs Friedrich von Altenburg, dem der Oberst Michael Obentraut, „der tapfere deutsche Michel“, zu Hilfe geeilt war.

Original-Aufnahme von W. Wehrhahn, Hannover.

EPITAPH (HANNOVERS SPARTANER) AN DER ÄGIDIENKIRCHE.

Der noch jugendliche Herzog und der Oberst Obentraut fielen und wurden in der Marktkirche zu Hannover beigesetzt.

Nun verlangten sowohl die Dänen wie auch Tillys Truppen, welche den Lindener Berg besetzt hatten, Eingang in die Stadt. Als dieser den letztern verweigert wurde, begann Tilly die Belagerung, doch zwang ihn der Anmarsch des Grafen Ernst von Mansfeld zum Abzuge.

Am 23. Juli 1632 versuchte Graf von Gronsfeld mit einem kaiserlichen Heer Hannover durch einen Handstreich zu nehmen und hatte bereits Hainholz erreicht. Durch einen Hirten wurde der Anschlag entdeckt und durch das Schließen der Tore vereitelt.

Original-Aufnahme von W. Wehrhahn, Hannover.

OBENTRAUT-DENKMAL BEI SEELZE.

Wiederholt mußte sich die Stadt durch große Summen von Kaiserlichen und Schweden loskaufen. Da die verwilderte Soldateska alle Ortschaften und Felder in der Umgebung Hannovers verwüstet hatte, war die Stadt von Flüchtlingen, die auf den Straßen und in den Gärten lagen, überfüllt. Furchtbar wüteten Hunger und Pest und rafften zwei Drittel der Bevölkerung hin. Die Not der Zeit führte zu sittlicher und geistiger Verwilderung, der Aberglaube bemächtigte sich des Volkes, die Hexenprozesse mehrten sich in erschreckender Weise.

In dieser Zeit tiefsten Elends trat ein Ereignis ein, das die Stadt zu neuer Blüte heben sollte.

Dem Teilungsvertrage vom 14. Dezember 1635 gemäß, fiel Calenberg mit der Stadt Hannover an Herzog Georg aus der lüneburgischen Linie des Welfenhauses. Als am 18. Februar 1636 die Stände zu Hannover dem Herzog huldigten, schloß dieser mit der Stadt einen Residenzvertrag und verlegte hierher sein Hoflager und die Regierung.

Das frühere Minoritenkloster an der Leinstraße wurde zum Residenzschloß umgebaut, die Festungswerke erweitert und auch auf die Neustadt ausgedehnt. Letztere war durch den Ratsherrn Johann Duve (1611—1679), der vierzig Häuser, elf Brunnen und einen Kunstbrunnen gebaut hatte, stark vergrößert worden. Die Altstadt verdankt diesem Ehrenmanne ein 1643 errichtetes Waisenhaus, die Anlage des „Schnellen Graben“, der Überschwemmungen vorbeugte, den Schmuck verschiedener Kirchen und die Renovierung der von einem Unwetter (1630) arg verwüsteten Kreuzkirche. Diesen Unternehmungen opferte der reiche Bürger, der edle Menschenfreund, einen großen Teil seines Vermögens, und da ihn durch Untergang eines Schiffes schwere Verluste trafen, starb er in Dürftigkeit. Dem um die Stadt Hannover so hochverdienten Bürger soll in nächster Zeit auf dem Neustädter Markt ein würdiges Denkmal errichtet werden. Die hierzu erforderlichen Mittel wurden dank der rührigen Tätigkeit eines „Duve-Komitees“ durch öffentliche Veranstaltungen und Beiträge aus den Kreisen der Bürgerschaft aufgebracht.

Nach dem Tode Georgs I. 1641 bestiegen in rascher Folge seine Brüder Christian Ludwig, Georg Wilhelm und Johann Friedrich den Thron. Letzterer berief Leibniz zur Verwaltung der fürstlichen Bibliothek nach Hannover, schuf die Oper und begründete damit der Musik und der dramatischen Kunst eine der bedeutendsten Pflegestätten Deutschlands, ja Europas. Ihm folgte 1680 sein jüngster Bruder Ernst August, den der Kaiser 1692 zum Kurfürsten erhob.

In dem glänzenden Hofstaat, den dieser prachtliebende Fürst

Original-Aufnahme von Karl F. Wunder, Hannover.

DER SCHNELLE GRABEN.

nach französischem Muster entfaltete, bildete die edle, schöne und geistvolle Kurfürstin Sophie, die Tochter des sogenannten Winterkönigs von Böhmen, Friedrichs II. von der Pfalz, und Freundin des Philosophen Leibniz*, den Mittelpunkt. Ihre Tochter Sophie Charlotte, die erste Königin Preußens, trat das geistige Erbe dieser hochbedeutenden Frau an und setzte auch die Freundschaft mit dem berühmten, vielseitigen und scharfsinnigen Gelehrten fort.

In jene Zeit fällt auch die Tragödie der schönen und geistig bedeutenden Erbprinzessin Sophie Dorothea, Gemahlin des Erbprinzen Ludwig Georg, deren Gestalt Schiller in seinem Drama „Prinzessin von Celle“ dichterisch zu verklären gedachte. Die gegen die schwergeprüfte, unglückliche Frau gerichtete Anklage des Ehebruchs mit dem Grafen Königsmark, der am 1. Juli 1694 durch Mörderhand fiel, ist nie erwiesen worden. Trotzdem wurde die Prinzessin nach jener Katastrophe auf Schloß Ahlden verbannt, wo sie, eine Wohltäterin der Armen, bis zu ihrem Hinscheiden am 23. November 1726 als Gefangene ihr Leben vertrauerte.

Nach dem Tode des Kurfürsten Ernst August (1698) folgte ihm sein Sohn Georg Ludwig.

Original-Aufnahme von F. Reinecke, Hannover.

GEORGENSCHLOSS.

Am 1. März 1713 traf am Hofe der Zar Peter der Große von Rußland mit großem Gefolge zum Besuch in Hannover ein. Bei einem der glänzenden Feste äußerte der Zar, dem das Fischbein in den Korsagen der Damen unbekannt war: „Die hannoverschen Damen haben verdammt harte Knochen!“

Durch die Sukzessionsakte von 1701 war die Thronfolge in Großbritannien und Irland für den Fall, daß die Königin ohne Leibeserben sterbe, der Kurfürstin Sophie von Hannover, der Enkelin König Jakobs I. von England, und deren Leibeserben zugesichert worden. Als nun am 19. Juli 1714 die Königin Anna ohne Nachkommen starb, wurde der Kurfürst Georg Ludwig von Hannover, der Sohn der Kurfürstin Sophie, zum König von England ausgerufen.

Lord Clarendon reiste nach Hannover, bahnte sich in dem Georgenschloß den Weg zum Schlafgemach des Kurfürsten, der sich bereits zur Ruhe begeben hatte, und huldigte als erster diesem als dem neuen Könige.

Am 31. Oktober folgte die feierliche Krönung in der Westminsterabtei in London.

123 Jahre währte die Personalunion zwischen England und Hannover.

Schon zwei Jahre später (1716) besuchte König Georg I., von Sehnsucht nach der Heimatstadt getrieben, Hannover und veranstaltete in Herrenhausen Feste von seltener Pracht. Auch 1719, 1723 und 1725 verlebte er einige Zeit daselbst. 1727 wieder auf dem Wege nach Hannover

* Das in der Schmiedestraße gelegene Haus, in dem Leibniz von 1676 bis zu seinem Tode am 14. November 1716 lebte, gehört zu den schönsten Renaissancebauten Deutschlands. Es ist auch die Geburtsstätte des einst so gefeierten Dichters und Schauspielers Iffland (geb. 19. April 1759) und dient jetzt als Gewerbemuseum. Das Sterbezimmer von Leibniz ist in pietätvoller Weise erhalten. Ein Denkmal des großen Philosophen schmückt den Waterlooplatz.

Original-Aufnahme von Karl F. Wunder, Hannover.

LEIBNIZHAUS.

Original-Aufnahme von Karl F. Wunder, Hannover.

STERBEZIMMER DES PHILOSOPHEN LEIBNIZ
im Leibnizhause.

Original-Aufnahme von Karl F. Wunder, Hannover.

DENKMAL DER KURFÜRSTIN SOPHIE IN HERRENHAUSEN
von Professor Engelhard.

KURFÜRSTIN SOPHIE UND LEIBNIZ
Gemälde von Dieckmann in der Aula der Sophienschule.

HANNOVER 1720 NACH EINEM ALTEN KUPFERSTICH.

begriffen, ereilte ihn der Tod, sieben Monate nach dem Hinscheiden seiner früheren Gemahlin Sophie Dorothea.

In der Nacht vom 8. zum 9. September trugen 16 Offiziere den Sarg unter dem Trauergeläut aller Glocken in das Grabgewölbe der Schloßkirche zu Hannover zur ewigen Ruhe. Georgs I. Sohn, König Georg II., dessen verehrungsvolle Liebe zu seiner unglücklichen Mutter stets die gleiche geblieben war, hing auch mit warmem Herzen an seiner Vaterstadt, die er wiederholt auf längere Zeit besuchte. —

Die Befestigungen der Stadt, die mehr und mehr dem Verfall preisgegeben waren, wurden auf Betreiben des Bürgermeisters Grupen 1747 am Ägidientore niedergerissen und an deren Stelle wurde nach Plänen dieses tatkräftigen, um die Verwaltung der Stadt hochverdienten Mannes die Ägidien-Neustadt angelegt.

Während des siebenjährigen Krieges, nach der unglücklichen Schlacht bei Hastenbeck, zog am 9. August 1757 Herzog von Chevreuse, drei Tage später Marschall Richelieu mit dem französischen Heere ohne Schwertstreich in die Stadt Hannover ein, die seit 500 Jahren keinen Feind in ihren Mauern gesehen hatte, jetzt aber nicht mehr unter dem Schutz ihrer Bürger, sondern von Söldnern stand.

Die Franzosen drohten mit Einäscherung der Stadt, wenn die hohen Summen der geforderten Kontribution nicht beschafft würden. Doch mußten sie am 23. Februar 1758 aus der Stadt abziehen, da der tapfere Herzog Ferdinand von Braunschweig den Marschall Richelieu auf Celle zurückgetrieben und die Franzosen bei Hoya aufs Haupt geschlagen hatte.

Nach wiederholten glänzenden Siegen zog Held Ferdinand am 12. Februar 1762, von den Bürgern der Stadt jubelnd empfangen, in Hannover ein.

Original-Aufnahme von C. Reinecke, Hannover.

LEIBNIZ-DENKMAL
von Hewetson.

Im Jahre 1780 erfolgte die gänzliche Schleifung der Festungswälle, an deren Stelle die Anlagen am Friedrichswall und die Georgstraße entstanden. Zu Ende des 18. Jahrhunderts blühte neben dem materiellen Wohlstand auch das geistige und künstlerische Leben in Hannover, denn es barg Männer, wie den um die Wissenschaft hochverdienten Hofrat Brandes, den Mitbegründer des Hainbundes, Stabssekretär Boie, die Poeten Leisewitz, Hölty, gleichfalls Mitglieder des Hainbundes, den Literaten J. G. Zimmermann, Leibmedikus König Georg III., Verfasser des berühmten Buches „Über die Einsamkeit“, den Freiherrn Adolf von Knigge, der hier sein Buch „Über den Umgang mit Menschen“ schrieb, den Astronomen Herschel, die Gebrüder Schlegel, Iffland, den Maler Ramberg u. a. m. in seinen Mauern.

Der Anfang des 19. Jahrhunderts brachte neue Sorge über die Stadt. 1803 war der Krieg zwischen England und Frankreich ausgebrochen. Nach der schimpflichen Konvention von Sulingen, die das Land samt allem Kriegsmaterial dem Feinde preisgab, rückte die Division Mortier durch das Steintor in Hannover ein. Alles kurfürstliche Mobiliar wanderte nach Paris, die Bedrückungen der Bürgerschaft waren unerhört und die Teurung stieg mehr und mehr, so daß gänzliche Verarmung der Bürgerschaft eintrat. 26 Monate währte die französische Okkupation, dann nahmen nach der Vereinbarung von Schönbrunn zwischen Napoleon und dem Grafen von Haugwitz (1805) die Preußen Hannover in Besitz.

Nach den unglücklichen Schlachten von Jena und Auerstädt traten wieder General Mortier und die Franzosen an der Preußen Stelle. Das alte Aussaugungssystem wurde fortgesetzt, die Not wurde so groß, daß viele Hausbesitzer ihre Häuser verließen und deren Schlüssel zum Rathaus trugen.

Ein Lichtblick in dieser Nacht der Trübsal war der 3. August 1809, an welchem Tage Herzog Friedrich Wilhelm von Braunschweig, der den Heeren der Franzosen zu trotzen wagte und ihnen auf seinem berühmten Marsche durch Sachsen und die Provinz Hannover nach England mit seiner kaum 1500 Mann starken Heldenschar Schlappe auf Schlappe beibrachte, in die Stadt Hannover auf kurze Rast einzog und von der Bevölkerung jubelnd begrüßt wurde.

In der Londonschenke, dem jetzigen Armenhause*, stieg der Herzog ab und empfing die Behörden und Bürger mit herzlicher Freundlichkeit. Nachdem er noch offene Tafel gehalten, zog er um 2 Uhr nachmittags durch das Steintor ab. Tags darauf stellten sich die Franzosen, die vorher Hannover verlassen hatten, wieder ein.

Von 1810 bis 1813 gehörte die Stadt Hannover zum Königreich Westfalen, sie mußte am 4. Mai 1810 dem König Jerome, dem Bruder Napoleons, der „Morken wieder lustik-Majestät“, huldigen, und sank zur Landstadt herab.

Orig.-Aufnahme v. W. Wehrhahn, Hannover.

GEDENKTAFEL
an
HERZOG FRIEDRICH WILHELM
VON BRAUNSCHWEIG.

In jener Zeit tiefster Schmach hefteten niedersächsische Helden, die sich nach England zu König Georg III. durchgeschlagen hatten und des Königs deutsche Legion bildeten, unvergänglichen Ruhm an die deutschen Fahnen. In den Kämpfen gegen die Franzosen auf der Hesperischen Halbinsel, wo sie mit den englischen Truppen Schulter an Schulter fochten, vollbrachten sie unter General von Alten Waffentaten, die mit goldenen Lettern in das Buch der Geschichte eingetragen sind.

Endlich brachte die Völkerschlacht bei Leipzig (16.—19. Oktober 1813), welche die napoleonische Macht für immer brach, auch der Stadt Hannover Befreiung von ihren Unterdrückern.

Am 4. November 1813 zog der Herzog von Cumberland mit seinen Truppen in Hannover ein; wenige Wochen darauf, am 19. Dezember, kehrte der General-Statthalter, Herzog von Cambridge, zurück und übernahm für seinen königlichen Vater die Regierung des Landes.

* An diesem Gebäude ist eine Tafel angebracht, welche an jenen denkwürdigen Vorgang erinnert.

Original-Aufnahme von H. Gieseler, Flegessen.

STANDBILD DES GRAFEN VON ALTEN
von Bildhauer Kümmel (1849).

Original-Aufnahme von Karl F. Wunder, Hannover.

WATERLOOSÄULE
von Oberhofbaudirektor Laves (1826—32).

EINZUG DES HERZOGS VON CAMBRIDGE
4. November 1813.
Nach einem Gemälde von Ramberg.

EINZUG DER SIEGREICHEN DEUTSCHEN LEGION IN HANNOVER AM 10. MÄRZ 1816
und
ÜBERGABE DER FAHNEN VOR DER GARNISONKIRCHE.

Nach dem Gemälde von Professor Ernst Hildebrand im Sitzungssaale des Provinzial-Ständehauses. Die Truppen präsentieren vor dem Herzog von Cambridge, zur Rechten von diesem Oberstleutnant von Baring mit erhobenem Degen. Unter den Offizieren: General von Alten, Kielmannsegg, Hartmann, Poten, Halkett und andere.

Als Napoleon nach seiner Flucht von Elba noch einmal sein Kriegsglück versuchte, und am 18. Juni 1815 in der Entscheidungsschlacht bei Waterloo sein Stern für immer erlosch, erkämpfte sich auch die hannoversche Legion unter Führung des Generals von Alten unsterblichen Ruhm.

„Was sie in dieser Entscheidungsschlacht geleistet, leuchtet mit Flammenschrift in die Jahrhunderte hinaus. La Haye Sainte, das schönste Blatt in dem an diesem Tage um ihre Fahnen gewundenen Ehrenkranze, wird für alle Zeiten ein Vorbild sein aufopfernden Heldenmutes und unerschütterlichen Ausharrens bis zum Tode" (Worte Kaiser Wilhelms II.). Dem Oberbefehlshaber, Grafen v. Alten, wurde am Waterlooplatz gegenüber der Waterloosäule ein Denkmal errichtet.

Die Legion hatte ihre Siege mit dem Leben von 133 Offizieren und 6000 Mann bezahlt. Am 6. März 1816 begann der Einzug der tapferen Heldenscharen in Hannover, von stürmischem Jubel der Bevölkerung umbraust. Ein Detachement, bestehend aus Offizieren, Unteroffizieren und Mannschaften der Legions-Infanterie und der bereits in der Grafschaft Hoya aufgelösten Linien-Bataillone, dazu ausersehen, unter dem Oberstleutnant Baring, dem Sieger von La Haye Sainte, die Legionsfahnen zur Aufstellung in der Garnisonkirche zu überbringen, wurde am 10. März vom Herzog von Cambridge in Herrenhausen begrüßt und zur Stadt geführt. Am Steintor, wo eine Ehrenpforte errichtet war, überschütteten junge Mädchen in Festkleidern die Fahnen mit Lorbeerkränzen, die Geschütze donnerten und von den Türmen der Stadt klangen die Glocken.

Original-Aufnahme von Ew. Steinmetz & Co., Hannover.

CHRISTUSKIRCHE
nach Plänen des Geheimen Regierungsrat Hase (1858).

Der Wiener Kongreß erhob das ehemalige Kurfürstentum Hannover zum Königreich. 1824 wurde die Neustadt mit der Altstadt unter einem gemeinsamen Magistrat vereinigt.

Als am 24. Juni 1837 der letzte König von England aus dem hannoverschen Hause gestorben war, hatte die Personalunion zwischen England und Hannover ihr Ende erreicht. Die Königin Viktoria bestieg den britischen Thron und ihr Oheim Ernst August wurde König von Hannover. Am 28. Juni 1837 zog er in seine Residenz ein.

Der Fürsorge dieses Königs und seines Nachfolgers, des kunstsinnigen Königs Georg V., verdankt Hannover viel. Die Stadt dehnte sich nach allen Seiten aus. Nach den genialen Plänen des Oberhofbaudirektors Laves entstand die Ernst-Auguststadt. Die Steintor-Gartengemeinde als Georgstadt, die Ägidien-Gartengemeinde als Marienstadt und der Königliche Schloß- und Gartenbezirk traten zur Stadt hinzu. Prachtbauten, wie das Königliche Residenzschloß in seiner neuen Gestalt, das Königliche Schauspielhaus, das Museum (jetzt Künstlerhaus der Stadt Hannover), das Welfenschloß, die Christuskirche, eine Stiftung König Georg V., entstanden.

Die Eröffnung der Eisenbahn förderte die rasche Entwicklung Hannovers, das auf wirtschaftlichem und geistigem Gebiete zum stolzen Haupte der reichgesegneten niedersächsischen Lande wurde.

Die Katastrophe von 1866 führte zur Verschmelzung des Königreichs Hannover mit Preußen.

Die Zugehörigkeit zu einem großen Staatswesen und die Förderung, die Kaiser Wilhelm I. und Kaiser Wilhelm II. Hannover in jeder Weise zuteil werden ließen, begünstigten das mächtige Aufblühen der Stadt wesentlich.

Die Einwohnerzahl wuchs rascher und rascher. Verkehr und Handel forderten immer breitere Bahnen; dazu trat die starke industrielle Entwicklung Lindens.

Die Altstadt besaß Ende der siebziger Jahre des vorigen Jahrhunderts nur vier breitere Straßenzüge: die Burgstraße mit der Leinstraße, die Knochenhauerstraße mit der Köbelingerstraße, die Steintorstraße mit der Schmiedestraße, die Marktstraße und Osterstraße. Die vier Straßenzüge, die alle parallel mit der Leine laufen, waren unter sich nur durch ganz schmale Gäßchen verbunden, die den gesteigerten Verkehr nicht mehr aufzunehmen vermochten. Dieser begann daher andre Wege zu suchen, und die Altstadt schien dem allmählichen Niedergange geweiht zu sein.

Da ergriff in den siebziger Jahren Architekt Ferdinand Wallbrecht mit kühnem Mute die Idee, die Altstadt von Nordost nach Südwest im Zuge der Bahnhofstraße zu durchbrechen, durch einen breiten Straßenzug (die jetzige Karmarschstraße mit der Ständehausstraße und die Grupenstraße) die direkte Verbindung zwischen dem Bahnhof und Linden herzustellen und so der Altstadt frisches Leben zuzuführen. Mit zäher Beharrlichkeit setzte er diesen groß angelegten Plan in den Jahren 1879—1882 und 1890 durch und erreichte damit nicht nur in vollem Umfange das ins Auge gefaßte Ziel, sondern schuf mit dieser Straßenanlage auch den Hauptzugang zu dem mit herrlichen Bäumen bestandenen Platze des Friedrichswalles, auf welchem sich jetzt das prächtige neue Rathaus erhebt und der in Zukunft das Forum Hannovers zu bilden berufen ist.

Dem Baurat Wallbrecht verdankt Hannover auch eine Anzahl seiner vornehmsten Bauten und andrer Straßenzüge, unter letztern die Hohenzollernstraße, welche wie eine Schutzwehr den Stadtwald, die Eilenriede, im Westen begrenzt.

Ein besonderer Freudentag für die Stadt Hannover und ein Ehrentag für das zehnte hannoversche Armeekorps war es, als Kaiser Wilhelm II. am 24. Januar 1899, dem Geburtstage Friedrichs des Großen, gelegentlich einer großen Parade auf dem Waterlooplatze durch Erlasse und Ansprachen in feierlichster Weise den Zusammenhang zwischen den althannoverschen und den neuen hannoverschen Regimentern herstellte und die ruhmreichen Traditionen der hannoverschen Armee unter Verleihung der alten Ehrenzeichen Peninsula-Waterloo-Garcia-Hernandez neu belebte. Diese Ehrung, welche die allen Hannoveranern teuren Überlieferungen lebendig zu erhalten und in die geschichtlichen Erinnerungen des preußischen Heeres einzureihen bestimmt waren, gaben Zeugnis von dem ausgeprägten historischen Sinn und dem feinen Herzenstakt des Kaisers.

Tief und dankbar empfanden die althannoverschen Offiziere die zarte Rücksichtnahme, die aus des Kaisers Worten bei der Tafel, die der Parade folgte, klang: „Vor allem hat mich auch der Gesichtspunkt geleitet, daß ich es für den zurückgezogen lebenden Soldaten als das schwerste gehalten habe, daß es ihm nicht mehr vergönnt ist, mit einem Truppenteil Freud und Leid zu teilen. Es lag mir daran, ihnen heute diese Lücke auszufüllen, indem ich die Traditionen der hannoverschen Regimenter in den neuen Regimentern des X. Armeekorps wieder habe aufleben lassen und hierdurch den Herren die Erinnerung an ihre militärische Jugendzeit frisch erweckt habe."

Unter dem Szepter der Hohenzollern ist Hannover in den letzten vier Jahrzehnten aus einer Stadt mit 70000 Einwohnern zu einem Gemeinwesen von mehr als 280000, mit der Schwesterstadt Linden von mehr als 340000 Seelen erblüht.

Dank der Tatkraft seiner Bürgerschaft, der umsichtigen und weitschauenden Leitung seiner Stadtverwaltung haben Industrie, Handel und Verkehr in Hannover mächtigen Aufschwung genommen, reges Leben, frische Entfaltung herrscht auf allen Gebieten, der Wohlstand wächst, und Kunst und Wissenschaft finden sorgsamste Pflege.

Die Königliche Haupt- und Residenzstadt Hannover zählt gegenwärtig zu den schönsten, gesündesten und angenehmsten Großstädten des Kontinents.

Möge auch über ihrer Zukunft ein glücklicher Stern walten!

Original-Aufnahme von Oskar Tellgmann, Eschwege.

Kaiser Wilhelm II. an der Spitze der Fahnenkompagnie.

Original-Aufnahme von H. Lüddecke, Braunschweig.

Kaiser Wilhelm II., gefolgt von dem Kaiserlichen Prinzen Eitel Friedrich, Kronprinzen Wilhelm, Prinzen Oskar, dem Prinzen Albert von Belgien und seiner Begleitung, begrüßt die Kriegervereine.

KAISERPARADE DES X. ARMEEKORPS AM 27. AUGUST 1907.

Original-Zeichnung von Professor Hammel.

BLICK AUF HANNOVER.

Es rauschen und flüstern im Abendwind
Die alten Buchen und Eichen,
Der Leine Wellen gleiten geschwind,
Nur schnell die Stadt zu erreichen.
Klar spiegeln sich in des Weihers Flut
Paläste und ragende Türme,
Umleuchtet von sinkender Sonne Giut.
Daß Gott dich, Hannover, beschirme!

Verklärt vom schimmernden Abendglanz
Umschlingen dich Wälder und Auen
Und ferne Berge, ein lieblicher Kranz,
Gar wunderherrlich zu schauen.
Von allen Städten im Deutschen Reich,
Wie laut auch ihr Ruhm mag erschallen,
Ist keine so stolz und keine dir gleich,
Hannover, du schönste von allen.

In deinen Mauern ein edel Geschlecht,
Kerndeutsch, von tiefem Gemüte,
Die Männer so stark, so treu und so echt,
Die Frauen so schön und voll Güte!
Wer dich, Hannover, fürs Leben erkor,
Gehört dir in Liebe, du Hehre.
Gedeihe und blühe und steige empor,
Stets reicher an Glück und an Ehre!

II. DIE STADT HANNOVER UND IHRE BEWOHNER

Fauchend und rasselnd jagt der Schnellzug durch das reich gesegnete Calenberger Land mit seinen schmucken Dörfern, wogenden Getreidefeldern und saftgrünen Wiesen; nun durchbricht er den herrlichen Stadtwald, die Eilenriede, welche im Halbkreis wie eine Schutzmauer Hannover im Süden und Osten umgrenzt. Die mächtigen alten Eichen und Buchen fliegen vor dem Auge blitzschnell vorüber, und jetzt breitet sich Niedersachsens Metropole mit ihren Türmen, die wie Hüter aus dem gewaltigen Häusermeer aufragen, ihren grünenden und blühenden Gärten und der langgestreckten Kette des Deisters im Hintergrunde vor unsern Blicken aus. Donnernd fährt der Zug in die weiten, hoch sich wölbenden Glashallen des Bahnhofs ein.

Wir treten aus dem Portal auf den von alten Bäumen überschatteten und mit prächtigen Anlagen geschmückten Ernst-August-Platz. Vor uns erhebt sich das imposante Reiterstandbild des Königs Ernst August. Zu beiden Seiten lassen zierliche Fontänen ihre Wasser spielen. Rechts zeigt sich das in italienischer Renaissance ausgeführte prächtige Hauptpostgebäude, stattliche Hotels umsäumen den Platz, und als Abschluß der breiten, eleganten Bahnhofstraße grüßt der Turm der Marktkirche, das Wahrzeichen der Stadt, würdevoll und vertraulich zu uns herüber. Der erste Eindruck, daß Hannover als besonders charakteristisch das Gepräge einer wahrhaft vornehmen Stadt trägt, vertieft sich Schritt für Schritt mehr und mehr.

Original-Aufnahme von G. Kugelmann, Hannover.

STANDBILD DES KÖNIGS ERNST AUGUST
von A. Wolff (1860).

Ehe wir dem Innern der Stadt unsere Schritte zuwenden, werfen wir noch einen kurzen Blick in die dem Bahnhof gegenüber Ernst-August-Platz 5 I gelegene Geschäftsstelle des Vereins für den Fremdenverkehr. Diese von der Stadtverwaltung subventionierte Einrichtung bietet Fremden wie Einheimischen eine Fülle von Annehmlichkeiten und entspricht einem lebhaften Bedürfnis des Reiseverkehrs.

In den behaglichen Geschäftsräumen finden wir

Original-Aufnahme von Karl F. Wunder, Hannover.

GESCHÄFTSSTELLE DES VEREINS FÜR DEN FREMDENVERKEHR.

reiches Material an Kursbüchern, Karten und Plänen, Adreßbüchern, Reiseführern und eine umfassende Bibliothek auf das Verkehrswesen bezüglicher Werke zu freier Benutzung.

Eine große Zahl von Zeitungen und Zeitschriften laden zur Lektüre ein. Wollen wir noch einen Gruß in die Ferne senden, so findet sich dazu Gelegenheit, da das Geschäftszimmer auch als öffentliche Schreibstelle dient.

Wünschen wir Auskünfte nach irgendeiner Richtung, so wird uns diese gerne — nach auswärts auch schriftlich — in deutscher, englischer oder französischer Sprache zuteil.

So vermögen wir uns über Hotelwesen, Pensionen, zu vermietende Wohnungen über Schulangelegenheiten, Theater, Konzerte oder andre Dinge, über die wir uns informieren möchten, zuverlässig zu unterrichten, ohne daß hierfür irgendwelche Kosten entstehen.

In der Geschäftsstelle wie in allen Buchhandlungen sind auch von dem Verein herausgegebene Führer durch Hannover und seine Umgebung in deutscher und englischer Sprache zu geringem Preise (50 Pf.) erhältlich, die vornehm ausgestattet, mit vortrefflichen Karten, Plänen und Illustrationen versehen, über alle Einrichtungen, Lebensverhältnisse und Sehenswürdigkeiten der Stadt eingehende und genaueste Auskunft erteilen.

So ausgerüstet, können wir unsere Wanderung durch die Stadt beginnen. Durch stark belebte moderne Straßen, die mit ihren architektonisch reich ausgestatteten Häuserfronten und glänzenden Läden, ihren eleganten Cafés und Restaurants großstädtischen Charakter zeigen und die Gassen und Gäßchen des alten Hannover durchbrechen, eilen wir dem Marktplatz, dem Mittelpunkt der Altstadt, zu.

Original-Aufnahme von A. Bies, Hannover.

ERNST-AUGUST-PLATZ.

Original-Aufnahme von Karl F. Wunder, Hannover.

MARKTPLATZ MIT DEM MARKTBRUNNEN.

Original-Aufnahme von Karl F. Wunder, Hannover.

SCHMIEDESTRASSE UND MARKTKIRCHE.

Hier erhebt sich als treuer Wächter Hannovers in wuchtigen, frühgotischen Formen die älteste Kirche der Stadt, die Marktkirche (St. Jacobi und Georgii, 1238 erstmals erwähnt, 1350—1359 umgebaut). Breitschultrig, schwer und kernig, niedersächsischem Wesen entsprechend, ragt das Mauerwerk des Turmes empor. Wohl war ihm eine himmelanstrebende Spitze zugedacht, doch eine alte Chronik meldet: „Die Bauleuth seyend müde und im Säckel krank worden", und so begnügte man sich mit einem kupfergedeckten Dachreiter, der in seiner zierlichen Form dem schweren Unterbau wenig entspricht. Aber gerade so wirkt der Bau eigenartig und interessant.

Im Gang der Jahrhunderte sah er im bunten Wechsel die Segnungen friedlicher Arbeit, die Schrecken des Krieges, wachsende Wohlfahrt und die Leiden bitterster Not und Verarmung auf der Bürgerschaft ruhen. Seine Glocken klangen in Trauer, als hier in der Kirche Hallen der Reformator Corvinus und der bei Seelze im Kampfe gegen Tilly gefallene Generalleutnant von Obentraut, der deutsche Michel, zur letzten Ruhe getragen wurden. Sie jauchzten in jubelndem Klang, wenn der Stadt tapfere Söhne heimkehrten aus blutigem Kampf, die siegreiche Fahne in starker Faust. Aber ob das Geschick Leid brachte, ob Glück, in bösen wie in guten Tagen, blieb eines sich gleich: die tatkräftige, kernige und zähe niedersächsische Art der Bürgerschaft, die schwere Zeiten in mutvollem Selbstvertrauen zu überwinden verstand und in frohen Tagen der Forderungen nicht vergaß, welche die mehr und mehr aufblühende und anwachsende Stadt für eine gedeihliche Entwicklung auch in der Zukunft an die Bürgerschaft stellte.

Der Hannoveraner liebt mit ganzer Seele sein Hannover, und wenn er, aus der Ferne heimkehrend, den Marktturm über den Mauern der Stadt wieder auftauchen sieht, dann fühlt er sein Herz schneller und freudiger schlagen.

An die Marktkirche lehnt sich, dem Marktplatz zugekehrt, das schöne Lutherstandbild. Diesem gegenüber erhebt sich der in der Mitte des 15. Jahrhunderts errichtete gotische Backsteinbau des alten Rathauses, ein wundervolles Denkmal des Kunstsinnes unsrer Vorfahren.

Original-Aufnahme von F. Reinecke, Hannover.

MARKTSTRASSE.

Original-Aufnahme von Karl F. Wunder, Hannover.

ALTES RATHAUS.

Original-Aufnahme von F. Reinecke, Hannover.

FESTSAAL IM ALTEN RATHAUS.

Die den Platz umschließenden alten Patrizierhäuser geben dem Ganzen das Gepräge eines mittelalterlichen Charakterbildes von hoher malerischer Wirkung. Das gleiche gilt von der Umgebung der andern beiden Gotteshäuser der Altstadt, der Ägidienkirche und der Kreuzkirche. Zum zierlichen Renaissanceturm der Ägidienkirche grüßt der wunderliche Treppengiebel der alten Kanzlei herüber, schauen die verträumten überhängenden Häuser der Köbelinger-, Markt- und Breitestraße auf.

Die Kreuzkirche mit ihrem schlanken grünen Turmhelm, umringt von alten Bürgerhäusern, ist nicht minder ein Kabinettstück mittelalterlicher Architektur (Seite 5).

In dem Gewirr von Gassen und Gäßchen der Altstadt wird das Künstlerauge immer neue Häusergruppen von eigenartigem, intimem Reiz entdecken. Hier hochragende Staffelgiebel gotischer Bürgerhäuser, in farbigen Glasursteinen gefügt, dort fällt der Blick auf Holzfachwerkbauten mit buntem Schnitzwerk und den weit in die Straße vorgekragten Stockwerken; da geben mächtige Renaissancebauten mit reichem Bilderschmuck Zeugnis von Wohlstand und freudigem künstlerischen Schaffen vornehmer Geschlechter in längst vergangenen Jahrhunderten. Und das alles eint sich zu einem reichgestalteten, wirkungsvollen Ganzen, das mit seiner malerischen Stimmung die Seele des Beschauers eigenartig und tief bewegt.

Original-Aufnahme von Ew. Steinmetz & Co., Hannover.

LUTHERDENKMAL
(zur Seite Herzogin Elisabeth von Calenberg
und Herzog Ernst von Lüneburg, der Bekenner)
von Professor Dopmeyer (1900).

Renaissancebauten von hervorragender Schönheit sind das jetzt als Gewerbemuseum dienende „Leibnizhaus“ (Seite 13) und das „Haus der Väter“ an der Langelaube, das einst an der Leinstraße stand und jetzt, an andrer Stelle in verkleinertem Maßstabe wieder erbaut, dem Hannoverschen Männergesangverein als Heim dient.

Noch weisen die Ringstraßen der Altstadt zurück auf vergangene Jahrhunderte, da feste Mauern und Türme Hannover schützend umschlossen. Noch ragen aus jener Zeit an den hohen Ufern der Leine, die der Stadt „Honovere“ ihren Namen gaben, die mächtigen Massen des alten Zeughauses auf und des Beguinenturmes, der trotzig hinüberschaut zum „Berge“ da drüben, wo die Zwingburg „Lauenrode“ stand, die 1371 Hannovers Bürger kühnen Mutes stürmten und brachen, die Fessel sprengend, die ihre Freiheit knebelte und die machtvolle Entfaltung des städtischen Gemeinwesens hemmte (Seite 5—7).

Alte Brücken überspannen die rasch durch das enge Bett sich drängenden Fluten, zu denen sich mächtige Bäume tief herniederneigen; altertümliches Gemäuer und weit ausladende Giebel, von denen einst in den Tagen der Hansa geschäftige Krane die Warenballen in die Kähne verluden, bilden den malerischen Hintergrund.

Original-Aufnahme von Karl F. Wunder, Hannover.

ALTE JUSTIZKANZLEI UND BREITE STRASSE.

Original-Aufnahme von F. Reinecke, Hannover.

MARKTSTRASSEN- UND KÖBELINGERSTRASSEN-ECKE.

Original-Aufnahme von F. Reinecke, Hannover.

POTTHOF.

Original-Aufnahme von W. Wehrhahn, Hannover.

BEGUINENTURM.

Original-Aufnahme von F. Reinecke, Hannover.

KESTNERHAUS.

Original-Aufnahme von G. Hallenstein, Hannover.

HANNOVERS VENEDIG.

Original-Aufnahme von F. Astholz, Hannover.

LEINEPARTIE.

Original-Aufnahme von F. Astholz, Hannover.

INSEL.

BLICK VON DER SOMMERBRÜCKE AUF DIE LEINEUFER.

Original-Aufnahme von Karl F. Wunder, Hannover.

Original-Aufnahme von Karl F. Wunder, Hannover.

HOLZMARKTPLATZ.

Nur wenige Schritte noch, die uns vorbeiführen an dem zierlichen Holzmarktbrunnen, und wir stehen vor dem Alten Palais, in dem die edle Königin Luise von Preußen geboren ward und das zum Sterbehaus ihrer Schwester, der Königin Friederike von Hannover, wurde.

Gegenüber liegt das Königliche Residenzschloß, das Herzog Georg, der seine Residenz nach Hannover verlegt hatte, 1637—1642 an Stelle eines Minoritenklosters erbaute.

Seine jetzige, in edlen Renaissanceformen gehaltene Gestalt mit dem herrlichen, von sechs mächtigen korinthischen Säulen getragenen Portikus verdankt es einem Umbau (1817) durch den Hofbaudirektor Laves. An den Grundfesten der Rückseite des Schlosses drängt die Leine rauschend ihre Wasser in schnellem Laufe vorüber.

Aus welchem der Fenster starrte wohl die unglückliche Kurprinzessin Sophie Dorothea in lähmendem Entsetzen auf die dunkle Flut, als in deren schweigenden Tiefen der blutige Körper ihres Vertrauten, des Grafen Königsmark, verschwand? (Seite 12.)

Das Innere des Schlosses ist mit gediegener Pracht ausgestattet; in seinen Räumen entfalten sich, wenn der Kaiser hier weilt, reiche, buntbewegte Bilder glänzender Hoffeste, die mit militärischen Schauspielen, welche dem Schlosse gegenüber auf dem Waterlooplatze stattfinden, und mit Hofjagden in dem bei Springe im nahen Deister gelegenen Sauparke abwechseln.

Der Kaiser liebt es bei seinem Aufenthalt im Schlosse, dorthin den Hannoverschen Männergesangverein oder den Knabenchor der hannoverschen Volksschulen zu Vorträgen zu entbieten und in der diesem Monarchen eignen liebenswürdigen, gewinnenden Weise den Sängern gegenüber dem besondern Interesse, das er Männerchören und vornehmlich dem deutschen Volksliede entgegenbringt, beredten Ausdruck zu geben.

Zur Schloßbrücke grüßt der Monumentalbau der Flußwasserkunst mit Kaskade und schönem Springbrunnen und im Hintergrunde das neue Rathaus herüber, uns einladend, nun auch dem neuen Hannover unsere Schritte zuzuwenden.

Breite asphaltierte Straßenzüge geben der Luft und dem Tageslichte freien Raum.

Das dichte Netz elektrischer Straßenbahnen, das Auf- und Abwogen starken Verkehrs beweist, wie Handel und Gewerbe in der Stadt Hannover blühen und zu immer stärkerer Entfaltung sich entwickeln.

Original-Aufnahme von F. Astholz, Hannover.

ALTES PALAIS
Geburtshaus der Königin Luise.

Original-Aufnahme von Ew. Steinmetz & Co., Hannover.

DAS KÖNIGLICHE RESIDENZSCHLOSS.

Original-Aufnahme von G. Wilkening, Hannover.

DAS KÖNIGLICHE RESIDENZSCHLOSS AM LEINEUFER.

Original-Aufnahme von Karl F. Wunder, Hannover.

DER „RITTERSAAL“ IM KÖNIGLICHEN RESIDENZSCHLOSS.

Original-Aufnahme von Karl F. Wunder, Hannover.

DER „GOLDENE SAAL“ IM KÖNIGLICHEN RESIDENZSCHLOSS.

Original-Aufnahme von Karl F. Wunder, Hannover.

KASKADE.

Original-Aufnahme von F. Astholz, Hannover.

MONUMENTALBRUNNEN AN DER FLUSSWASSERKUNST
von Professor Stier und Bildhauer Gundelach (1900).

Original-Aufnahme von Karl F. Wunder, Hannover.

THEATERPLATZ.

Original-Aufnahme von Karl F. Wunder, Hannover.

GEORGSTRASSE MIT DER GEORGSPASSAGE.

Original-Aufnahme von H. Gieseler, Flegessen.

MARSCHNER-DENKMAL
von Professor Harzer (1879).

Da, wo zu Ende des 18. Jahrhunderts noch der Stadtgraben die starken Mauern des Georgswalles umspülte, erstreckt sich jetzt die Hauptverkehrsader der Stadt, die vornehme Georgstraße. Wo damals auf kleinem Hügel eine Windmühle ihre Flügel lustig drehte, erhebt sich jetzt, von alten schattigen Bäumen und anmutigen Gartenanlagen umgeben, in herrlichster Lage das nach Plänen von Laves erbaute Königliche Schauspielhaus. Den Hintergrund bilden mächtige, moderne Monumentalbauten.

Wohl keine zweite deutsche Stadt kann sich eines so prächtigen Platzes in ihrem Zentrum rühmen. Hier haben sich Architektur, Gartenkunst und Skulptur vereint, um ein Stadtbild von ganz eignem Reiz zu schaffen.

Wenn in der Mittagsstunde Militärkapellen von der Terrasse des Hoftheaters ihre Weisen ertönen lassen, dann promeniert an der mit Standbildern bedeutender Hannoveraner (des Komponisten Marschner, des Chirurgen Dr. Stromeyer und des Technologen Karmarsch) geschmückten Georgstraße bis zu dem anmutigen Georgsplatz und dem verkehrsreichen Ägidientorpla'z in langen, geschlossenen Zügen das elegante Hannover, das gern sieht und sich sehen läßt: die Damenwelt in großer Toilette, Flaneure nach der neuesten Mode, dazwischen frische Studentengesichter mit ihren bunten Mützen, Offiziere in glänzenden Uniformen, deren außerordentliche Mannigfaltigkeit die starke Garnison, besonders aber das Königliche Militär-Reitinstitut erklärlich macht. Da sieht man Bückeburgerinnen und Hessinnen in ihren kostbaren, eigenartig bunten Volkstrachten, Ausländer und Passanten jeder Art — fürwahr, ein überaus bewegtes, farbenprächtiges Bild!

Trotz des starken Verkehrs haben auch die breiten Geschäftsstraßen der innern Stadt eine gewisse Vornehmheit nicht eingebüßt.

Originalzeichnung von Prof. O. Hammel, Hannover.

BÜCKEBURGER UND HESSISCHE TRACHTEN.

GEORGSPASSAGE.

Original-Aufnahme von F. Reinecke, Hannover.

NORDMANNSTRASSE.

Original-Aufnahme von Aug. Bies, Hannover.

Original-Aufnahme von Karl F. Wunder, Hannover.

THIELENPLATZ.

Original-Aufnahme von F. Astholz, Hannover.

ÄGIDIENTORPLATZ.

Original-Aufnahme von Karl F. Wunder, Hannover.

TIERGARTENSTRASSE.

Dazu tragen die asphaltierten Fahrbahnen mit ihren langgestreckten Baumreihen, die Prachtbauten öffentlicher Gebäude, besonders aber die vielen Schmuckplätze mit ihren schönen Standbildern und freundlichen Gartenanlagen wesentlich bei. Weitgedehnte Villenquartiere mit üppigem Blütenschmuck und frischem Gartengrün umrahmen die innere Stadt. Den köstlichsten Schatz aber besitzt die Stadt Hannover in dem sie eng umschließenden wundervollen Kranze prächtiger Waldungen und berühmter Parkanlagen, die fast bis in die Mitte des Häusermeeres hineinreichen.

Diesem günstigen Umstande ist es zu verdanken, daß man von keinem Punkt der innern Stadt einen Weg von mehr als zehn Minuten geht, um in Wald oder Park zu gelangen, eine Tatsache, die bei einem Gemeinwesen von solcher Größe wohl einzig dasteht.

Die jüngste der Anlagen, der von der Leine durchströmte Maschpark, liegt mitten in der Stadt. Hier erhebt sich das Forum des neuen Hannover in einer Umgebung, wie sie schöner kaum gedacht werden kann. Inmitten mächtiger Baumriesen steigt die gewaltige Baugruppe des neuen Rathauses, flankiert von dem Stadtbauamt mit dem Gutenberg-Brunnen und dem Kestner-Museum, empor.

Zu beiden Seiten der von anmutigen Wasserflächen unterbrochenen Anlagen erheben sich die Monumentalbauten des prächtigen Provinzial-Museums, des Polizei-Präsidiums sowie der Oberzolldirektion, beide mit reichgegliederter Silhouette.

In den klaren Fluten des Sees spiegeln sich die imposanten Formen des neuen Rathauses und die von grünem Edelrost überzogenen Turmhelme der Kirchen der Altstadt, während in duftiger Ferne eine langgestreckte Bergkette dem köstlichen Bilde den malerischen Abschluß gibt.

Original-Aufnahme von Karl F. Wunder, Hannover.

DER GUTENBERG-BRUNNEN
von Professor Dopmeyer (1890).

Original-Aufnahme von Karl F. Wunder, Hannover.

MASCHPARK, NEUES RATHAUS, POLIZEIPRÄSIDIUM, OBERZOLLDIREKTION UND BENNIGSEN-DENKMAL.

Original-Aufnahme von F. Reinecke, Hannover.

BLICK AUF HANNOVER VOM BERGGARTEN AUS.

III. GARTENANLAGEN, PARK UND WALD

Umrankt von grünschimmerndem Kranze,
Mit Blüten durchwoben das Kleid,
Prangst du in festlichem Glanze,
Hannover, holdselige Maid.

Dir gebe ich ganz mich zu eigen,
Mein Leben und Lieben ist dein,
Will müde mein Haupt sich einst neigen,
Du bette zum Schlummer mich ein.

Von herrlichen Wäldern und malerischen Parkanlagen umgeben, durchsetzt mit sorglich gepflegten öffentlichen Schmuckplätzen, schattigen Alleen und einer Fülle freundlicher Privatgärten, führt Hannover mit Recht den Namen einer Gartenstadt.

Rund 1100 Hektar königliche, städtische und fiskalische Grünanlagen im Innern und in unmittelbarer Nähe der Stadt dienen der Bevölkerung als Erholungsplätze. Damit steht Hannover nächst Frankfurt a. M. an zweiter Stelle unter den deutschen Städten.

Bis zum 1. Oktober 1907 umfaßte das Stadtgebiet ohne Eilenriede und die Herrenhäuser Gartenanlagen 3298 Hektar = $32\,^{11}/_{12}$ Quadratkilometer, mit Eilenriede und den Herrenhäuser Parkanlagen 4095 Hektar = 41 Quadratkilometer.

Vom Gesamtgebiete (also Stadtkreis und die eingeschlossenen beiden königlichen Gutsbezirke) kamen auf die mit rund 12 200 Wohnhäusern bebaute Fläche einschließlich der Straßen und Plätze $1096^{2}/_{3}$ Hektar, auf Park- und Gartenanlagen 226 Hektar, auf die Eilenriede 658 Hektar; die übrige Fläche diente der Land- und Forstwirtschaft.

Nach der am 1. Oktober 1907 erfolgten Eingemeindung der Vororte Döhren, Wülfel, Kirchrode, Groß- und Klein-Buchholz, Bothfeld und Stöcken beträgt nunmehr die Gesamtfläche rund 9950 Hektar (ohne den Gutsbezirk Herrenhausen) = rund 100 Quadratkilometer. Damit tritt bezüglich der Grundfläche Hannover an die zweite Stelle der großen deutschen Städte und wird nur von Köln mit 11 000 Hektar Grundfläche übertroffen.

Eine günstigere Terrainverteilung dürfte sich kaum in einer zweiten Großstadt Deutschlands wiederfinden.

Besonders in den letzten beiden Jahrzehnten hat die Stadtverwaltung Hannovers die hohe hygienische und ästhetische Bedeutung frischen Grüns, reichlich bemessener geschmackvoller gärtnerischer Anlagen im Häusermeer einer Großstadt erkannt und erhebliche Mittel für diesen Zweck in den jährlichen Etat eingesetzt. An die Spitze der Stadtgartenverwaltung stellte sie den leider vor kurzem verstorbenen Stadtgartendirektor Trip, dessen hohe Bedeutung auf dem Gebiete der Gartenkunst weit über Hannovers Grenzen hinaus Anerkennung fand.

Mehr als 70 Alleen mit über 9000 Bäumen durchziehen die Straßen der Stadt. Schmuckplätze von so reicher künstlerischer Ausgestaltung, wie sie der Theaterplatz mit dem Georgsplatz,

Original-Aufnahme von Ew. Steinmetz & Co., Hannover.

GÄRTNERISCHE ANLAGEN AUF DEM THEATERPLATZ.

der Ägidientorplatz, der Bahnhofsplatz, der Platz am Neuen Hause, der Friedrichswall aufweisen, dürften nur wenige deutsche Großstädte in ihrem Zentrum besitzen.

Die gärtnerische Ausschmückung der Plätze mit Blumen und Blattpflanzen wechselt nach der Jahreszeit. Besondere Aufmerksamkeit wird auch der Pflege der Privatgärten zugewandt. Alljährlich finden Prämiierungen der Vorgärten und Balkone statt, die sich durch besonders hervorragenden gärtnerischen Schmuck auszeichnen. Diese Schönheitskonkurrenz hat zu dem reichen Blütenschmuck im Straßenbilde Hannovers wesentlich beigetragen.

DER MASCHPARK

Wo im Süden der Stadt vor wenigen Jahren noch ein kahles Wiesengelände sich hinzog, erstand, wie von einem Zauberstabe berührt, ein herrlicher Park mit welligem Terrain, sanft ansteigenden Rasenflächen, malerischen Felspartien, kleineren Seen, reizvoll angeordneten, schattenspendenden Baumgruppen, üppigem, blütenreichem Strauchwerk.

Immer neue anmutige Bilder in grünumranktem Rahmen bietet diese geniale Schöpfung des Stadtgartendirektors Trip dem Auge in reichem Wechsel.

Die Einbeziehung des schönen Parkes von Bella Vista und des von der schnell dahinfließenden Leine und der über ein mächtiges Wehr stürzenden Ihme durchströmten Wiesengeländes in die Anlagen wird geplant.

Dann werden zwischen frischem Grün weite Wasserflächen dem Ruder- und Segelsport die beste Gelegenheit zur Betätigung in herrlicher Umgebung bieten.

Wie schon am Schlusse des vorigen Abschnittes erwähnt wurde, umschließen stolze Prachtbauten, über die der Stadt Türme freundlich herübergrüßen, auf drei Seiten den Maschpark.

Im Hintergrund steigt aus den grünen Matten der Masch der Bismarckturm auf, dahinter dehnen sich weite Wälder und freundliche Ortschaften, während in duftigem Blau die Ketten der Hildesheimer Berge, des Osterwaldes und des Deisters den Horizont begrenzen.

Original-Aufnahme von Karl F Wunder, Hannover.

BLICK AUF DAS PROVINZIALMUSEUM VOM MASCHPARK AUS.

PARTIE AUS DEM MASCHPARK.

Original-Aufnahme von F. Astholz, Hannover.

BLICK AUF DAS RATHAUS UND DAS STADTBAUAMT VOM MASCHPARK AUS.

PARTIE AUS DEM MASCHPARK.

Original-Aufnahme von G. Kugelmann, Hannover.

LEINEPARTIE AM MASCHPARK.

Original-Aufnahme von G. Kugelmann, Hannover.

GARTENTHEATER IN HERRENHAUSEN.

HERRENHAUSEN

Mit zauberisch silbernem Dämmerlicht
Umflutet die zierlichen Hecken
Der Vollmond, der siegreich die Wolken durchbricht,
Die schlafende Erde zu wecken.

Steinleiber leuchten aus dunkelem Grün
Und dehnen die nackten Glieder,
Berauschend duftend viel Blumen blühn,
Süß klagen der Nachtigall Lieder.

Da regt sich's, bewegt sich's — in endloser Schar
Kavaliere mit zierlichen Degen
Und schöne Frauen, gepudert das Haar,
Auf allen Wegen und Stegen.

Und Tänzerinnen, leicht nur umhüllt,
Entschlüpfen den Büschen und Zweigen
Und schwingen, von Lust und Liebe erfüllt,
Bacchantisch den nächtlichen Reigen.

In bergender Hecken verschwiegener Hut
Leis flüstert's von Liebe und Sehnen, —
Von Lebensfreude, der Leidenschaft Glut
Klingt's wider, von Küssen und Tränen.

Da lischt das Mondlicht. — Im Dunkel der Nacht
Ist jäh der Zauber entschwunden,
Die Bäume nur rauschen und raunen sacht
Von lange vergangenen Stunden.

Zu den berühmten Herrenhäuser Anlagen im Westen Hannovers führt vom Theaterplatz aus die Georgstraße mit ihrer Verlängerung, der Langelaube.

Wohl nirgends hat die Gartenkunst ihre schöpferische Kraft ausgiebiger betätigt und mit ästhetischerem Feingefühl Beispiele historischen Gartenstils in solcher Verschiedenheit und Vollendung dicht nebeneinandergestellt, wie in den vier großen Königlichen Gärten, welche die Herrenhäuser Allee umschließen.

Original-Aufnahme von G. Kugelmann, Hannover.

HERRENHÄUSER ALLEE.

Original-Aufnahme von G. Kugelmann, Hannover.

SACHSENROSS
von A. Wolff.

Vier Reihen breitwipfeliger alter Linden bilden die schnurgerade, zwei Kilometer lange Zufahrtstraße, die zu dem Herrenhäuser Schlosse führt. Rechts von der Allee, nahe dem Eingang, steigt aus grünen Rasenflächen und malerischen Baumgruppen das imposante Welfenschloß auf. Das in jeder Beziehung hervorragende, von fünf Türmen bekrönte Bauwerk ließ König Georg V. 1857 bis 1866 vom Hofbaumeister Tramm an Stelle des alten Schlosses „Montbrillant" errichten. Eine Freitreppe, zu deren Seiten zwei mächtige Löwen Wache halten, führt zu dem Hauptportal. Die schöne Halle schmückt der bekannte Eddafries von Professor Engelhard. Auch fanden dort die Büsten berühmter Gelehrter Aufstellung. Vor dem Schlosse, das später zur Königlich Technischen Hochschule umgebaut wurde, erhebt sich auf hohem, von Lorbeergebüsch umgebenem Sockel das „springende Sachsenroß".

Besonders malerisch wirkt die Rückseite des Schlosses mit ihren blumengeschmückten Terrassen, Statuen, Balkonen und Treppen. An diese schließt sich der prächtige Park des Welfengartens. Uralte mächtige Bäume senken ihre Äste tief zu stillen Wassern, reicher Blütenflor wechselt mit weiten, grünen Rasenflächen.

Über dieser Stätte von stimmungsvoller Schönheit ruht die Weihe weltabgeschiedenen Friedens.

An den Welfengarten grenzen Anlagen, in denen das Prinzenhaus (Weihen-Löben), das früher auf dem „Prinzenberge", jetzt Goethestraße, stand, wieder aufgebaut wurde.

Dieses Häuschen benutzten die Königin Luise von Preußen und ihre Schwester, die nachmalige Königin Friederike von Hannover, in ihren Mädchenjahren wiederholt zum Sommeraufenthalt.

Links an die Herrenhäuser Allee lehnt sich der in englischem Stil angelegte Georgengarten. Von hoher malerischer Wirkung sind die herrlichen Baumgruppen mit ihren künstlerisch abgestimmten Farbentönen, zwischen denen weite Rasenflächen und von Schwänen belebte Seen sich breiten. Durchblicke nach der Steintormasch, dem Benther Berge und der Limmer Höhe bieten mannigfaltige Bilder von anmutigem Reiz. Bei aller feinsinnigen Anordnung hat die Künstlerhand doch nicht eingegriffen in der Natur freie Entfaltung, die sich hier in voller Schöne zeigt.

Original-Aufnahme von W. Wehrmann, Hannover.

PRINZENHAUS.

Original-Aufnahme von F. Reinecke, Hannover.

WELFENSCHLOSS VOM WELFENGARTEN AUS.

Original-Aufnahme von W. Wehrhahn, Hannover.

PARTIE AUS DEM WELFENGARTEN.

Original-Aufnahme von F. Reinecke, Hannover.

PARTIE AUS DEM GEORGENGARTEN.

In welch eigenartigem, starkem Gegensatz dazu steht der sich im Westen anschließende „Große Garten“! Ein geradliniger Kanal, die Graft, umgrenzt an drei Seiten den 1666 nach den Plänen des berühmten Gartenkünstlers Ludwig XIV., Le Nôtre, in französischem Stil ausgeführten „Großen Garten“, neben den Gärten von Versailles und Schönbrunn die bedeutendste Anlage ihrer Art.

Geradlinig sind die Wege, geradlinig die steif beschnittenen Hecken und langgestreckten Blumenanordnungen. Vor dem Herrenhäuser Schlosse, in dem König Georg V. besonders gern weilte, und der Orangerie dehnt sich, von Kaskaden, Springbrunnen und mythologischen Steinfiguren reich belebt, eine weite Rasenfläche, die in der „Großen Fontäne“, zu der eine Allee mächtiger Baumriesen führt, einen großartigen Abschluß findet.

Diese Fontäne vermag ihre Wassermassen bis zu 67,2 m Höhe zu schleudern und ist die höchste des Kontinents. Ein Gartentheater, von hohen Baumwipfeln überschattet, liegt in ihrer Nähe. Amphitheatralisch steigt der Zuschauerraum im Halbkreis empor, zwei Fechtergruppen begrenzen das Proszenium, geschnittene dunkle Hecken, von denen Bacchantenfiguren sich scharf abheben, bilden die Kulissen; den Hintergrund schließt eine Fontäne ab, über der eine Terpsichore sich erhebt.

Hier steigen unwillkürlich Bilder höfischen Lebens aus vergangenen Jahrhunderten vor der Phantasie des Beschauers auf, Bilder üppiger, überschäumender Lebenslust, in heimlichen Dämmer gehüllter galanter Abenteuer und wohl auch mancher Herzenstragödie.

Original-Aufnahme von Karl F. Wunder, Hannover.

HERRENHÄUSER SCHLOSS.

Original-Aufnahme von Karl F. Wunder, Hannover.

ORANGERIE.

Original-Aufnahme von Karl F. Wunder, Hannover.

DIE GROSSE FONTÄNE IN HERRENHAUSEN.

Original-Aufnahme von W. Wehrhahn, Hannover.

GARTENTHEATER IN HERRENHAUSEN.

Original-Aufnahme von Ew. Steinmetz & Co., Hannover.

TERRASSE DES GARTENTHEATERS.

Erinnerungen werden wach an Personen und Vorgänge, welche in dem Buch der Geschichte an hervorragender Stelle stehen. Unter dem Schatten dieser hochragenden Bäume wandelte in eifrigem, geistvollem Gespräch die Kurfürstin Sophie mit ihrem gelehrten Freunde, dem Philosophen Leibniz. — Ihr Marmorbild leuchtet aus offenem Kabinett zu uns herüber an jener Stelle, an der die edle Frau, vom Schlage getroffen, niedersank. — Hier stiegen leuchtende Garben großartigen Feuerwerks empor, als in glanzvollen Hoffesten der Tag gefeiert wurde, an dem der Kurfürst Georg Ludwig sich die Königskrone Englands aufs Haupt setzte. Auf diesen Wegen schritt ein glückliches Paar Hand in Hand, der Kronprinz Friedrich, nachmals der erste König von Preußen, mit seiner Braut, der Prinzessin Sophie Charlotte. Trüb rauschten wohl die Kronen der mächtigen Linden in jener verhängnisvollen Nacht vom 15. zum 16. Juni 1866, da dort drüben im Schloß die Entscheidung über Krieg oder Frieden fiel.

Gegenüber dem Schloß liegt der Berggarten mit seinen Glashäusern und reichen botanischen Schätzen. In dem berühmten Palmenhause, das die höchsten Palmen des Kontinents enthält, bietet sich den Blicken ein bezauberndes Bild üppiger Tropenwelt.

Ein Teil des Gartens, das „Paradies", enthält eine herrliche Sammlung von Rhododendron, Azaleen und Magnolien, deren Farbenpracht im Frühjahr zur Zeit der Blüte jeder Beschreibung spottet. Eine Allee mächtiger alter Linden führt zu dem Mausoleum, in welchem König Ernst August von Hannover und seine Gemahlin, Königin Friederike, schlummern. Die beiden auf Marmorbetten ruhenden Gestalten sind Meisterwerke von Rauch. Weihevolle Stimmung breitet sich über die Sarkophage.

Original-Aufnahme von Karl F. Wunder, Hannover.

PALMENHAUS.

Original-Aufnahme von Karl F. Wunder, Hannover.

INNERES DES PALMENHAUSES.

Original-Aufnahme von W. Wehrhahn, Hannover.

MAUSOLEUM.

Original-Aufnahme von Karl F. Wunder, Hannover.

INNERES DES MAUSOLEUM.

Original-Aufnahme von Karl F. Wunder, Hannover.

EILENRIEDE.

EILENRIEDE

Wie stille ist's im Walde,
Kaum regt sich leis ein Blatt,
Bis hier reicht nicht das Brausen,
Das Treiben nicht der Stadt.
Bei dir ist Ruh und Friede,
Du traute Eilenriede.

Hoch durch der Buchen Wipfel,
Der Zweige frisches Grün
Der Abendsonne Strahlen
Gedämpft, umschleiert glühn.
Ich bin des Tages müde,
Nimm auf mich, Eilenriede.

In deinem weiten Dome
Weicht Sorge, Leid und Qual,
Ringsum ein leises Rauschen,
Wie fernher ein Choral.
Ich lausche deinem Liede,
Du liebe Eilenriede.

Und treibt mich in die Weite
Ein wechselvoll Geschick,
Denk ich mit stillem Sehnen
Allzeit an dich zurück.
Bei dir, bei dir ist Friede,
Du meine Eilenriede.

Ein würdiges Gegenstück zu den von Künstlerhand geschaffenen Herrenhäuser Anlagen bildet die Eilenriede, ein herrlicher Hochwald von mächtigen Eichen und Buchen, würzig duftenden Kiefern und schlanken Tannen. In gewaltiger Ausdehnung (610 ha = 2556 hannoversche Morgen) umspannt er in eng sich an das Häusermeer anschließendem Halbrund Hannover im Norden und Osten.

Den Haupteingang zur Eilenriede bildet nahe dem Mittelpunkt der Stadt der Platz „Am Neuen Hause". Letzteres ist ein Prachtbau in italienischer Renaissance.

Dicht neben diesem vielbesuchten vornehmen Restaurant erhebt sich inmitten anmutiger Anlagen das herrliche Kriegerdenkmal.

Original-Aufnahme von F. Astholz, Hannover.

PARTIE AUS DER EILENRIEDE.

Original-Aufnahme von Aug. Bies, Hannover.

DAS RAD IN DER EILENRIEDE.

Original-Aufnahme von G. Kugelmann, Hannover.

KRIEGERDENKMAL
von Volz-Karlsruhe (1884).

Original-Aufnahme von Karl F. Wunder, Hannover.

KINDERSPIELPLATZ IN DER EILENRIEDE.

Original-Aufnahme von F. Astholz, Hannover.

MÖNCH IN DER EILENRIEDE.

Mit großem Geschick wurde der vordere Teil der Eilenriede von Stadtgartendirektor Trip in einen schönen Waldpark mit kleinen malerischen Wiesen, anmutigen Wasserflächen, plätschernden Bächen und einem reichen Flor heimischer Waldblumen umgewandelt, der zu dem forstwirtschaftlich betriebenen Walde unvermerkt überleitet.

Gepflegte Fahrstraßen, Reitwege, vorzügliche Radfahrbahnen und breite, reichlich mit Ruheplätzen versehene Promenaden, an denen freundliche Waldwirtschaften und Konzertgärten zur Rast laden, führen stundenlang durch köstliche Waldpartien.

Für die Jugend ist durch ausgedehnte Kinderspielplätze unter schattigen Bäumen gesorgt. Besonders erfreut sich das „Rad“, ein Irrgarten, den während der Belagerung Hannovers (November 1490) die Söldner Herzog Heinrichs von Braunschweig zu ihrer Belustigung und zur Übung im Dauerlauf angelegt haben sollen, bei alt und jung großer Beliebtheit. In den Sang der Vögel mischt sich das Jauchzen der Kinderwelt, die hier in der reinen Waldluft die beste Gelegenheit zu frischem, fröhlichem Gedeihen findet.

Im vordern Teile der Eilenriede liegt der Zoologische Garten mit schönen Anlagen, originellen Baulichkeiten und reichhaltiger Tiersammlung.

Im Osten der Eilenriede führen vom Kirchröder Turm aus freundliche Anlagen in zehn Minuten zum Tiergarten.

DER TIERGARTEN

Dieser herrliche, 101 ha = 385 hannoversche Morgen große Waldpark, früher Hof-Jagdrevier, ging 1903 durch Kauf vom Fiskus in den Besitz der Stadt über und ist mit seinen uralten Buchen, Eichen und Kastanien, seinen dunklen Fichtenbeständen und duftenden Wiesen, in denen Rudel von Rehen und Hirschen (Bestand 120 Stück Damwild) äsen oder in flüchtigen Sprüngen dahinjagen, zum Lieblingsaufenthalt der Hannoveraner geworden.

Im Nordwesten der Stadt liegt die Stadtforst Mecklenheide mit dem Herrenhäuser Tannenkamp, ein prächtiger, nahezu 800 Morgen umfassender Nadelwald, und ladet den Wanderer, der Einsamkeit sucht, in seinen stillen Waldesfrieden.

Original-Aufnahme von Ew. Steinmetz & Co., Hannover.

NEUES HAUS.

Original-Aufnahme von Ew. Steinmetz & Co., Hannover.

LISTER TURM.

WALDWIRTSCHAFTEN IN DER EILENRIEDE: 1. Eingang zum Zoologischen Garten. 2. Steuerndieb. 3. Eingang zum Lister Turm. 4. Bischofshole. 5. Milchhäuschen. 6. Pferdeturm. 7. Döhrener Turm. 8. Kirchröder Turm.

Original-Aufnahme von Karl F. Wunder, Hannover.

ANTILOPENHAUS IM ZOOLOGISCHEN GARTEN.

Original-Aufnahme von W. Wehrhahn, Hannover.

BÄRENZWINGER IM ZOOLOGISCHEN GARTEN.

Original-Aufnahmen von W. Lüder und F. Astholz, Hannover.

AUS DEM TIERGARTEN.

Original-Aufnahme von G. Wilkening, Hannover.

PARTIE AUS DEM STADTFRIEDHOF AM ENGESOHDER BERGE
(Erbbegräbnis der Familie Hildebrandt).

IV. FRIEDHÖFE.

Hier mag ich gerne weilen,
Wo müde Wandrer nun
Von mühevollem Eilen
Im stillen Frieden ruhn.

Wohl weint mit heißem Sehnen
Dem Auge, das da brach,
Des Scheidens bittre Tränen
Wehvoll die Liebe nach.

Die Seele bangt mit Beben:
Der Gotteskeim in Dir,
Den wir geliebt im Leben,
Welkt er im Grabe hier? —

Schau rings der Blumen Fülle,
Sie haben, einst versenkt
Als Samen, ihre Hülle
Mit Jugendkraft gesprengt.

Nun heben sie voll Wonne
Ihr lieblich Angesicht
Empor zum Glanz der Sonne,
Empor zum ew'gen Licht.

Der Leib von Erdenstaube,
Der unsern Geist umhüllt,
Er wird dem Tod zum Raube,
Hat er sein Amt erfüllt.

Zerfällt und ist verloren,
Was irdisch, muß vergehn,
Die Kraft, aus Gott geboren,
Wird schöner stets erstehn.

Die Ruhe, der Frieden des Waldschattens leitet uns unwillkürlich über zu den letzten Ruhestätten müder Erdenpilger, denen treue Liebe des Grabes Hügel schmückt. Hannovers Friedhöfe verdienen aber auch aufgesucht zu werden, da sie mit ihren schönen, gärtnerischen Anlagen und ihrem reichen Blumenflor den Charakter weihevoller Gärten tragen, durch eine große Zahl kunstvoller Grabmonumente das Auge fesseln und mannigfaltige Erinnerungen wecken an bedeutende Männer und Frauen, welche sich selbst durch ihr Wirken Denksteine setzten, unvergänglicher als Marmor und Granit.

Besonders zeichnet sich in dieser Beziehung der Friedhof am Engesohder Berge, der Campo santo Hannovers, aus.

Hier ruhen die hervorragenden Architekten Ober-Hofbaudirektor Laves, dem die Stadt das Königliche Schauspielhaus, die Waterloosäule und viele andre hervorragende Bauwerke, wie auch den genialen Plan für den Ernst-Auguststadtteil verdankt, der berühmte Gotiker Professor Hase, Erbauer der Christuskirche, Professor Koehler, welcher die schönsten Villen am Schiffgraben errichtete, der durch seine Schulbauten bekannte Baurat Droste und Baurat Wallbrecht, der sich durch die Umgestaltung der Altstadt bleibende Verdienste um Hannover erworben hat und dem die Stadt viele ihrer schönsten Bauten, z.B. das Provinzial-Ständehaus, verdankt; ferner der ausgezeichnete Technologe Karmarsch, Begründer der Technischen Hochschule, die Maler Friedrich Kaulbach und Edmund Koken, die Bildhauer W. Engelhard, Schöpfer des Eddafrieses in der Technischen Hochschule, des Schillerdenkmals am Georgsplatz und der Wotangruppe am Provinzial-Museum; ferner J. E. von Bandel, dessen Meisterhand das Hermannsdenkmal im Teutoburger Walde entstammt; die Komponisten K. L. Fischer, Otto Heinrich Lange, der Sänger herrlicher Lieder; der Schauspieler Carl Devrient und viele hervorragende Persönlichkeiten mehr.

Original-Aufnahme von Ew. Steinmetz & Co., Hannover.

HÖLTYDENKMAL
von Karl Gundelach (1901).

Auch der Stadtfriedhof in Stöcken, hinter Herrenhausen, weist schöne landschaftliche Anlagen und prächtige Denkmäler auf. Besonders sehenswert ist der neue, erst hinzugekaufte Teil, welcher, der neuzeitlichen Anschauung über Friedhof-Ästhetik entsprechend, in der Form angelegt ist, daß nur die sogenannten Reihengräber und ein Teil der Erbbegräbnisse in regelmäßig umgrenzten Feldern angeordnet werden, ringsum aber ein breiter, landschaftlicher Garten von waldparkartigem Charakter sich ausdehnt, in dessen Grün und Baumesschatten Erbbegräbnisse einzeln und in Gruppen eingebettet werden sollen. Diese reizvolle Friedhofszenerie wird durch einen $10^1/_2$ Morgen großen Teich mit Insel in ihrer malerischen Wirkung noch erhöht.

Stadtgartendirektor Trip, † 1907, der auch der Schöpfer dieser schönen, neuen Friedhofsanlage war, fand dort als Erster inmitten blühender Heide, die er so sehr liebte, eine weihevolle Ruhestätte.

Original-Aufnahme von F. Reinecke, Hannover.

GRUFT DER FAMILIE CHRIST AUF DEM STADTFRIEDHOF AM ENGESOHDER BERGE.

Original-Aufnahme von G. Wilkening, Hannover.

GRABSTÄTTE DES STADTGARTENDIREKTORS TRIP AUF DEM STADTFRIEDHOF IN STÖCKEN.

Original-Aufnahme von F. Astholz, Hannover.

GRABSTÄTTE DER CHARLOTTE KESTNER (WERTHERS LOTTE) AUF DEM GARTENKIRCHHOF.

Original-Aufnahme von F. Wehrhahn, Hannover.

FRIEDHOF DER NIKOLAI-KAPELLE (ENGLISCHE KIRCHE).

Von den bereits geschlossenen Friedhöfen enthalten besonders interessante Grabstätten: Der Neustädter Friedhof an der Langenlaube, auf dem der Komponist der Opern Hans Heiling, Templer und Jüdin, Vampyr u. a. m., Marschner, seine letzte Ruhestätte gefunden hat, der Nikolai-Kirchhof am Klagesmarkt und der Gartenkirchhof an der Marienstraße.

Da, wo jetzt die uralte Nikolai-Kapelle steht, soll schon im 9. Jahrhundert auf heidnischer Opferstätte dem Schutzpatron der Fischer, dem heiligen Nikolaus, eine Kapelle errichtet worden sein. An der Friedhofsmauer des Nikolai-Kirchhofes erhebt sich ein Denkmal des Dichters Hölty, der, wie auch der Schriftsteller Blumenhagen, auf diesem Friedhofe eine Ruhestätte fand. Die Nikolai-Kapelle mit sehenswertem Campo santo, welcher interessante Epitaphien enthält, dient jetzt, wie schon erwähnt, der englischen Gemeinde zum Gottesdienst.

Auf dem Gartenkirchhof, im Schatten der schönen Gartenkirche, ruht Werthers Lotte, (Charlotte Kestner geb. Buff), Karoline Herschel, des berühmten Astronomen berühmte Schwester, Hofbaumeister Tramm, der Erbauer des Welfenschlosses, und so mancher andere, der im Gedächtnis nachkommender Geschlechter fortlebt.

Original-Aufnahme von Ew. Steinmetz & Co., Hannover

DAS GEÖFFNETE GRAB AUF DEM GARTENKIRCHHOF.

Besonderes Interesse erregt hier ein Grabstein, der die Inschrift trägt: „Dieses auf ewig erkaufte Begräbnis darf nie geöffnet werden“. Aus dem Grabe aber ist ein starker Birkenstamm herausgewachsen, hat die eisernen Klammern des Grabes gesprengt und den mächtigen Block von der Gruft gehoben.

Das ewig schöpferische Walten in der Natur spottete der Hinfälligkeit menschlichen Willens, der den Totenschrein für ewige Zeiten schließen wollte, und predigt sichtbar, wie neues Leben machtvoll des Todes Ketten bricht, wie Sterben und Vergehen nur ein Übergang ist zu schönerem Erblühen.

Original-Zeichnung von Professor Hammel, Hannover.

AM BISMARCKSTEIN

Hei! wie die Flamme am Bismarckstein
Zum nächtlichen Himmel die Funken sprüht!
Von tausend Fackeln rotleuchtender Schein
Der Alma mater Söhne umglüht.

Wie Sturmesbrausen am Bismarckstein
Rauscht deutscher Jugend gewaltiger Sang,
Sich kreuzende Schläger schmettern darein,
Wie jubelndes Jauchzen, mit festlichem Klang.

Die Männer der Zukunft am Bismarckstein
Geloben den Schwur, dem keiner wohl gleich:
Dem Hohen und Wahren ihr Dasein zu weihn,
Zu leben, zu sterben für Kaiser und Reich.

V. GEISTIGES LEBEN, WISSENSCHAFT UND KUNST

Wenn am Sonnenwendtag die reichste Fülle an Blüten und Duft sich über Hannover und seine reizvolle Umgebung ergießt, wenn die Wärme, Leben und Licht spendende Sonne nach ihrer längsten Wanderung in einem Flammenmeer im Westen niedersinkt und das Dunkel der Nacht leise heraufsteigt, dann loht von der Bismarcksäule mächtige Glut zum Himmel empor. In unabsehbarem Festzuge, voran Herolde und Musikbanden hoch zu Roß, zieht die Studentenschaft heran in vollem Wichs, umrauscht von ihren Fahnen, von Tausenden von Fackeln umleuchtet; alle studentischen Korporationen der Königlichen Technischen Hochschule und der Königlichen Tierärztlichen Hochschule schließen in friedlicher Einigkeit den weiten Kreis um den von der Studentenschaft errichteten Gedenkstein des Mannes, dem das deutsche Volk in erster Reihe seinen Zusammenschluß zu einer der mächtigsten Nationen unter den Völkern der Erde verdankt. Aus allen Gauen Deutschlands, auch vom fernen Ausland her, sind die Jünglinge nach Hannover geeilt, um an

IN WALHALLA. Aus dem Eddafries von Professor Engelhard im Welfenschloß*.

dieser Pflegestätte deutschen Geistes, deutscher Wissenschaft und Kunst sich heranzubilden zu charakterfesten Männern, tüchtigen Staatsbürgern und Zierden ihres Berufes.

Birgt das Studentenleben auch mancherlei Gegensätze der Lebensanschauungen und der zu erstrebenden Ziele, heut herrscht nur ein gewaltiges Empfinden, allen gleich gemeinsam, Dankbarkeit für die Taten der Väter, die das herrliche Deutsche Reich errichtet und die für die Freiheit des Denkens, des Forschens und des Glaubens gekämpft.

In brausendem Liede, in begeistertem Worte klingt zum Himmel das Gelöbnis, diese heiligen Güter des deutschen Volkes zu schirmen und zu schützen, alles Gute, Wahre und Schöne zu fördern, zu leben und zu sterben für Kaiser und Reich.

Dieser Schwur findet einen mächtigen Widerhall nicht nur in den Jünglingsherzen der feiernden Studentenschaft, sondern auch in der Seele der vielen Tausende, die von nah und fern herbeieilten, um der erhebenden Feier beizuwohnen.

Ja, Freiheit des Glaubens und Denkens, sorgsame Pflege von Wissenschaft und Kunst, sind in den Mauern Hannovers stets heimisch gewesen.

KIRCHEN

Wie bereits in dem Abschnitt über die Geschichte Hannovers ausführlich berichtet wurde, kam 1533 in der Stadt die Reformation zur allgemeinen Einführung.

Die evangelische Konfession ist bis zum heutigen Tage die vorherrschende. Nach dem Ergebnis der Volkszählung vom 1. Dezember 1905 gehörten dieser 219914, der katholischen Kirche 23332, verschiedenen christlichen Sekten 1768, dem jüdischen Glauben 4923, andern Religionen 8 Einwohner an, während bei 79 die Zugehörigkeit zu einer dieser Religionsgemeinschaften nicht festgestellt werden konnte.

In der Bürgerschaft herrscht tiefster konfessioneller Friede, dabei rege Anteilnahme an allen religiösen Fragen, die zurzeit die Herzen des deutschen Volkes bewegen.

Neben den aus dem Mittelalter stammenden Kirchen der Altstadt: Marktkirche, Ägidienkirche, Kreuzkirche, der uralten Nikolaikirche (jetzt englische Kirche), der 1670 erbauten Neustädter Hofkirche und der Schloßkirche wurden in Hannover während der letzten Jahrzehnte 18 neue evangelische Gotteshäuser gebaut, von denen jedes in seiner Art ein interessantes Architekturbild bietet; besonders zeichnen sich unter den letztern die Christuskirche, Gartenkirche, Dreifaltigkeitskirche, Markuskirche, Nazarethkirche und Garnisonkirche (das Innere der letztern schmücken herrliche Freskomalereien von Professor Schaper), durch eigenartige Bauform und reiche künstlerische innere Ausstattung aus.

* Eine vortreffliche Vervielfältigung des Eddafrieses im Welfenschloß (18 Blatt mit erläuterndem Text) ist unter dem Titel „Nordisches Heldenleben“ im Verlage von Th. Schulze, Hannover, erschienen.

Original-Aufnahme von Karl F. Wunder, Hannover.

INNERES DER MARKTKIRCHE.

Original-Aufnahme von Ew. Steinmetz & Co., Hannover.

GARTENKIRCHE
von Stadtbauinspektor Hildebrand (1887—1891).

Original-Aufnahme von F. Astholz, Hannover.

DREIFALTIGKEITSKIRCHE
von Professor Hehl (1880—1883).

Original-Aufnahme von Karl F. Wunder, Hannover.

GARNISONKIRCHE
von Professor Hehl (1891—1896).

Original-Aufnahme von F. Reinecke, Hannover.

BERÜHMTER HOCHALTAR
DER MARIENKIRCHE.

Original-Aufnahme von Ew. Steinmetz & Co., Hannover.

DIE SYNAGOGE
von Baurat Oppler (1864—1870)

Von den vier katholischen Kirchen bietet in erster Reihe das Innere der Marienkirche mit Wand- und Gewölbemalereien von Professor Schaper und berühmtem Hochaltar, sowie der Elisabethkirche mit Wandgemälden (Darstellungen aus dem Leben der heiligen Elisabeth) von O. Wichtendahl, wertvollen, hervorragend künstlerischen Schmuck.

Ein bedeutsames, sehenswertes Bauwerk ist ferner die Synagoge mit an Kunstschätzen reicher innerer Ausstattung.

UNTERRICHTSWESEN*

Hannover führt mit Recht den Ehrennamen „Stadt der Schulen" und genießt als solche von ältester Zeit her bis zum heutigen Tage einen vorzüglichen Ruf. Die Schule, aus der das Städtische Lyceum der Gegenwart hervorging, wird schon in einer Urkunde des Jahres 1267 erwähnt. Stets ist die Stadtverwaltung bestrebt gewesen, das Unterrichtswesen auf voller Höhe zu erhalten, und hat auch große Opfer nicht gescheut, um dieses Ziel zu erreichen.

Der jährliche Zuschuß der Stadtkasse für Schulzwecke beträgt $3^1/_2$—4 Millionen Mark. Demzufolge entsprechen aber auch die Schulgebäude und deren Einrichtungen, die Lehrkräfte und Lehrmittel selbst sehr hochgestellten Anforderungen.

* Der Führer durch das Unterrichtswesen der Städte Hannover und Linden, herausgegeben vom Verein zur Förderung des Fremdenverkehrs, Verlag von Hofbuchhändler Adolf Kiepert, enthält ausführliche Angaben über geschichtliche Entwicklung, Lehrpläne, Schulgeldsätze usw. aller Lehranstalten.

Original-Aufnahme von H. Gieseler, Flegessen.

DAS SCHILLERDENKMAL VOR DEN HÖHEREN SCHULEN
von Professor Engelhard (1863).

Fast jede Form modernen Unterrichtswesens ist in Hannover durch Musteranstalten vertreten.

An allgemeinen höhern Lehranstalten besitzt Hannover drei humanistische Gymnasien, ein Realgymnasium, eine Reformschule Frankfurter Systems (humanistisches Gymnasium und Realgymnasium), eine Reformschule Altonaer Systems (Realgymnasium und Realschule), zwei Ober-Realschulen, zwei Realschulen, eine Städtische Höhere Handelsschule, eine Städtische Handwerker- und Kunstgewerbeschule, realgymnasiale Kurse für Mädchen, Oberrealschulkurse für Mädchen, drei höhere Töchterschulen.

Ferner sind zu nennen drei Stadttöchterschulen, eine Mittelschule, 81 Bürgerschulen und zwei Hilfsschulen, sodann eine Städtische Präparandenanstalt, eine Städtische Höhere Fortbildungsschule, Meisterkurse für Handwerker, eine Reihe von Fach- und Fortbildungsschulen und vortrefflich geleitete Privatinstitute jeder Art.

An militärischen Lehranstalten weist Hannover als einzige ihrer Art die Königl. Militär-Reitschule auf, zu welcher von sämtlichen Kavallerie-Regimentern des Deutschen Reiches, mit Ausnahme des bayrischen Kontingents, Offiziere abkommandiert werden. Die Gesamtzahl der Offiziere inkl. der Lehrer betrug im Jahre 1909 149, dazu treten 1 Oberstabsarzt, 1 Oberarzt, 1 Stabsveterinär, 1 Oberveterinär und 4 Zahlmeister bzw. Aspiranten.

Ferner besteht in Hannover eine Kriegsschule und eine Königl. Militär-Lehr-Schmiede.

Original-Aufnahme von Hofphotograph Alex. Möhlen, Hannover.

DIE HÖHEREN SCHULEN (LYCEUM UND REALGYMNASIUM).

Original-Aufnahme von Karl Thies, Hannover

DIE KÖNIGLICHE TECHNISCHE HOCHSCHULE (WELFENSCHLOSS).

LABORATORIUM DER KÖNIGLICHEN TECHNISCHEN HOCHSCHULE.

Die Königliche Technische Hochschule, welche im Welfenschloß (S. 52) untergebracht ist, gehört zu den bedeutendsten Deutschlands und zählte im Wintersemester 1909/10 1622 Studierende, während 54 Professoren, 53 Dozenten und Assistenten den Lehrkörper bildeten.

Die Königliche Technische Hochschule hat den Zweck, für den technischen Beruf im Staats- und Gemeindedienst wie im industriellen Leben die höhere Ausbildung zu gewähren, sowie die Wissenschaften und Künste zu pflegen, welche zu dem technischen Unterrichtsgebiet gehören.

Die Königliche Tierärztliche Hochschule, welche in den Jahren 1895—1899 mit einem Kostenaufwand von $2^1/_2$ Millionen Mark erbaut wurde, ist wohl die besteingerichtete tierärztliche Lehranstalt der Gegenwart. Im Zentrum der Vorderfront liegt das geräumige Hauptgebäude, welches die Verwaltungsräume, Aula, Bibliothek, Lesezimmer, das physikalische und botanische Institut enthält. Achtzehn weitere, für Unterrichts-, Geschäfts- und Wohnzwecke eingerichtete Einzelgebäude sind inmitten freundlicher, gärtnerischer Anlagen verteilt. Alle Institute sind mit dem Neuesten und Erprobtesten an technischen Hilfsmitteln und wissenschaftlichen Apparaten ausgestattet. Aus einem Guß, entsprechen sie den Anforderungen der Neuzeit in vollstem Umfange. Die Königliche Tierärztliche Hochschule wird viel von Fachleuten des In- und Auslandes besucht, welche die Einrichtungen dieses Musterinstituts aus persönlicher Anschauung kennen lernen wollen.

Zu diesen Hochschulen treten hinzu das Königliche Schullehrerseminar, das Lehrerinnenseminar und das Konservatorium für Musik.

Original-Aufnahme von Karl F. Wunder, Hannover.

KÖNIGLICHE TIERÄRZTLICHE HOCHSCHULE.

WALKÜRE RUFT HELDEN ZUM KAMPFE. Aus dem Eddafries von Professor Engelhard.

MUSEEN, SAMMLUNGEN, BIBLIOTHEKEN

Reiches Material für geistige Anregung und ernste Studien auf den Gebieten der Wissenschaft und Kunst bieten eine Reihe von Museen, Sammlungen und Bibliotheken.

Das Provinzial-Museum, ein prächtiger Monumentalbau im Stile italienischer Renaissance, enthält bedeutende prähistorische, ethnographische und naturhistorische Sammlungen, historische Altertümer, Skulpturen, darunter eine große Zahl wertvoller antiker und moderner Originale, und eine reichhaltige Gemäldegalerie, die in acht Sälen und 25 Kabinetten viele hervorragende Werke alter und moderner Meister enthält.

In den Anlagen, welche das Provinzial-Museum umgeben, ragen zwei Denkmäler auf, eine Odingruppe und das Standbild Rudolf von Bennigsens, Begründer des Nationalvereins, der sich um die Einigung und den Ausbau des Reichs unvergängliche Verdienste erworben hat.

Das Städtische Kestner-Museum* umfaßt ägyptische, griechische, etruskische, römische, kirchliche und kunstgewerbliche Altertümer, ein japanisches Kabinett, eine bedeutende Gemäldegalerie sowie reichhaltige Kupferstich- und Autographen-Sammlungen.

Im Vaterländischen Museum finden wir Altertümer, Gebrauchsgegenstände und Trachten der niedersächsischen Heimat, eine Ehrenhalle mit den Uniformen, Waffen und Fahnen der vormaligen hannoverschen Armee, Pläne, Modelle, Urkunden, Autographen, Siegel, Münzen und dergleichen mehr.

PERSEUS UND ANDROMEDA
(antik) im Provinzial-Museum.

Das Kunstgewerbliche Museum im Leibnizhaus enthält neben reichen Sammlungen das Sterbezimmer des berühmten Philosophen Leibniz.

An sonstigen Sammlungen besitzt Hannover ferner eine Kunst- und Gewerbehalle, ein Handels- und Industrie-Museum, eine Fahnenhalle, sodann in Herrenhausen die historische Porträt-Galerie, das Familien-Museum des Welfenhauses, die Sammlung der Staatswagen, ein Städtisches Schulmuseum, ein Anatomisches Kabinett, den Botanischen Garten in Herrenhausen (Berggarten), den Botanischen Garten für die städtischen Schulen und den sehr sehenswerten Zoologischen Garten.

* Für Museen und zur Förderung künstlerischer Bestrebungen wendet die Stadtverwaltung jährlich weit über 200000 M. auf, während für die Sammlungen des Provinzial-Museums ebenfalls erhebliche Mittel zur Verfügung stehen.

Original-Aufnahme von Ew. Steinmetz & Co. Hannover.

DAS PROVINZIAL-MUSEUM nach Plänen von Professor Stier (1897—1902).

Original-Aufnahme von F. Reinecke, Hannover.

SAAL 1 DER CUMBERLAND-GALERIE IM PROVINZIAL-MUSEUM.

Original-Aufnahme von Ew. Steinmetz & Co., Hannover.

ODINGRUPPE von Professor Engelhard.

Original-Aufnahme von Frdr. Schröder, Hannover.

RUDOLF VON BENNIGSEN-DENKMAL von Bildhauer Gundelach und Architekt Lüer (1907).

EINZUG GEFALLENER HELDEN IN WALHALLA. Aus dem Eddafries von Professor Engelhard.

Eine Fülle bedeutender Werke der Bildhauerkunst, unter denen die reichen Schätze an Epitaphien aus der Renaissancezeit besonders hervorgehoben zu werden verdienen, bergen auch die Kirchen und Friedhöfe Hannovers.

Von Archiven und Bibliotheken sind besonders bedeutend das Staatsarchiv, das Stadtarchiv, die Königliche und Provinzial-Bibliothek mit ca. 200 000 Bänden, 3500 Handschriften und 246 Inkunabeln, und die Stadt-Bibliothek.

Die öffentliche Städtische Lesehalle steht allen Klassen der Bürgerschaft zu kostenloser Benutzung offen.

Eine große Reihe von Vereinen widmen sich der Pflege von Kunst und Wissenschaft auf den verschiedensten Gebieten und sorgen für Vorträge ausgezeichneter Fachmänner.

Original-Aufnahme von Ew. Steinmetz & Co., Hannover.

KÜNSTLERHAUS DER STADT HANNOVER
nach Plänen des Regierungsrats Professor Hase (1853—1855).

KAMPF DER ASEN GEGEN DEN FENRISWOLF, DIE MIDGARDSCHLANGE UND DIE RIESEN.
Aus dem Eddafries von Professor Engelhard.

Der Kunstverein, der mit nahezu 12500 Mitgliedern der größte seiner Art in Europa ist, veranstaltet jährlich vom 23. Februar bis Ende April in den schönen Sälen des Künstlerhauses der Stadt Hannover Kunstausstellungen, in denen weit über 1000 Werke der Malerei und Bildhauerkunst moderner Meister in stetem Wechsel dem Publikum vorgeführt werden.

THEATER, KONZERTE, GESELLIGKEIT

Unter den vortrefflich geleiteten Theatern, welche die Stadt besitzt, ist an erster Stelle das Königliche Schauspielhaus, eine der ersten Bühnen Deutschlands, zu nennen. Das unter der Leitung des Ober-Hofbaudirektors Laves vom Hofbauinspektor Molthan und Hof-Baukondukteur Tramm erbaute herrliche Haus wurde am 1. September 1852 in Anwesenheit des kunstsinnigen Georgs V. und seines Hofes eröffnet. Dieser König hegte eine leidenschaftliche Liebe für die Kunst und besonders für die Musik, welche ihm, wie er oft sagte, seit er in frühester Jugend das Augenlicht verloren, eine unschätzbare Trösterin gewesen war.

Ihm ist es zu danken, daß eine Glanzzeit für das neue Hoftheater eintrat, wie sie in jenen Tagen kaum eine zweite Bühne Deutschlands aufzuweisen hatte. Marschner, Bernh. Scholz und Fischer am Dirigentenpult, Joachim als Konzertmeister mit der erlesensten Schar von Künstlern im Orchester; die Regan, Caggiati-Tettelbach, Lucca, Nimbs, Amalie Weiß, Asminda Uber, Niemann, Wachtel, Joseph und Anton Schott, Dr. Gunz, Nachbaur, Stägemann in der Oper; Karl Devrient, Marcks, Alexander Liebe, Karl Sontag, Joh. Beck, Winkelmann, Marie Seebach, Pauline Ulrich, Franziska Ellmenreich, Rosa Hildebrand im Schauspiel und andre Sterne erster Größe, die damals an der hannoverschen Hofbühne wirkten, bildeten einen Künstlerkreis, dessen Namen zu den besten gehörten, welche die Theatergeschichte aller Zeiten zu verzeichnen hat. Als im Jahre 1866 Hannover von Preußen annektiert wurde, erblickte König Wilhelm I. eine ehrenvolle Aufgabe darin, die ruhmvollen Traditionen des Hoftheaters, das nun zum Königlichen Schauspielhause wurde, aufrecht zu erhalten, bewilligte aus seiner Privatschatulle die gleiche Summe, welche bis dahin König Georg V. als Subvention gezahlt hatte und erhöhte diese im Lauf der Zeit noch wesentlich. Sie beträgt gegenwärtig jährlich über eine halbe Million Mark. Unter diesen glänzenden finanziellen Verhältnissen, mit allen Einrichtungen moderner Bühnentechnik und einem außerordentlich reichen Fundus prächtiger Dekorationen, Requisiten, zum Teil echter, sehr wertvoller Kostüme, Waffen, Möbel und dergleichen mehr ausgestattet, kann das Königliche Theater mit seiner auserlesenen Künstlerschar und seinem ausgezeichneten Orchester sich die höchsten künstlerischen Aufgaben stellen, die auf dem Gebiet der Oper, des Schauspiels, Lustspiels und Balletts liegen.

Auch das Residenztheater und das Deutsche Theater — Schauspiel, Lustspiel und Posse — erfreuen sich ausgezeichneten Rufes. Als Sommerbühne, welche die Operette bevorzugt, dient das Union-Theater. Das vornehme Mellini-Theater, das Metropol-Theater und die Blumensäle sind Variétés.

Original-Aufnahme von Karl F. Wunder, Hannover.

DAS KÖNIGLICHE SCHAUSPIELHAUS nach Plänen des Ober-Hofbaudirektors Laves (1845—1852).

Original-Aufnahme von Karl F. Wunder, Hannover.

THEATERSAAL IM KÖNIGLICHEN SCHAUSPIELHAUS. DER VORHANG, EIN GESCHENK KAISER WILHELMS II. von Professor Liezen-Mayer.

Original-Aufnahme von Karl F. Wunder, Hannover.

HAUS DER VÄTER
Heim des Hannoverschen Männergesang-Vereins.

Neben diesen Theatern geben noch eine Reihe kleinerer Bühnen und Kabaretts täglich ihre Vorstellungen. Auch Dichterabende, Vorträge auf allen Gebieten des geistigen Lebens und der Kunst folgen sich in raschem Wechsel. Erstklassige Zirkus-Gesellschaften schlagen in den Sommermonaten ihre Zelte auf.

Gute Musik findet in Hannover besonders fruchtbaren Boden.

Die Abonnements-Konzerte des berühmten Hoftheater-Orchesters im Königlichen Schauspielhause erfreuen sich ausgezeichneten Rufes.

Instrumental-Konzerte guter Militär- und Privatkapellen finden täglich in verschiedenen Konzertsälen und Vergnügungslokalen statt. Die Hannoversche Musikakademie und die Singakademie sind große gutgeschulte Vereine für gemischten Chor. Während der erstere Oratorien und größere Chorwerke in Verbindung mit dem Königlichen Hoftheater-Orchester zur Aufführung bringt, widmet sich letzterer mehr der Pflege des a capella-Gesanges.

Kirchenchor-Vereine sorgen für gute Kirchenmusik. Männergesang-Vereine, die zu den besten Deutschlands gehören, veranstalten jährlich eine Reihe von Konzerten.

Dazu treten die sehr zahlreichen Aufführungen für Kammermusik und Solistenkonzerte berühmter Künstler und Künstlerinnen. So ist jedem Geschmack Rechnung getragen, und auch dem Minderbegüterten gewähren Konzerte in vorzüglichster Ausführung zu volkstümlichen Preisen edelste Blüten der Musik, Schöpfungen unsrer größten Meister.

In einer Stadt, wo so viel gute Musik getrieben wird, fehlt es natürlich nicht an einem vortrefflichen Konservatorium, guten Musik- und Theaterschulen und tüchtigen Kräften, die Dilettanten und Künstler im Einzelunterricht heranbilden.

Geistige Anregung in politischer Beziehung bieten Vereine und Zeitungen aller Parteirichtungen. Humanitäre und ethische Ziele verfolgen fünf Freimaurer- und vier Odd-Fellow-Logen sowie eine große Zahl von Verbänden verschiedenster Art.

Geselligkeit und geistige Unterhaltung pflegen Hunderte von Klubs, landschaftliche und andre Vereine, sich anpassend den Ansprüchen, welche Herkunft, Stand und Beruf des einzelnen bedingen.

So weist Hannover ein reges Leben auf allen wissenschaftlichen, künstlerischen und geselligen Gebieten auf, wie es nicht leicht in gleicher Fülle und Vielgestaltigkeit zu finden sein dürfte.

Original-Aufnahme von F. Reinecke, Hannover.

KONZERTGARTEN DES TIVOLI.

Original-Aufnahme von F. Reinecke Hannover

LESESAAL DER MUSEUMSGESELLSCHAFT.

VI. INDUSTRIE UND HANDEL

Orig.-Aufn. v. F. Reinecke, Hannover.

BRUNNENFIGUR
AM HOLZMARKT
von Karl Gundelach.

Hannover, in heimlich behüteter Hülle
Der heimischen Erde hältst du geborgen
Der schimmernden Schätze gewaltige Fülle,
Bis mühsam und mutvoll zu leuchtendem Morgen
Die wertvollen Wuchten der Bergmann wird wagen
Aus mächtiger Tiefe zutage zu tragen.

Dann zuckt in der Esse die lohende Zunge,
Dämonisch gebraucht der Dampf seine Stärke,
Es surren und schwirren in sausendem Schwunge
Im Ringlauf die rollenden Räder der Werke.
Viel hundert von Arbeit gehärtete Hände,
Sie schaffen in emsigem Eifer ohn' Ende.

In Handwerk und Künsten ein Feilen und Formen,
Zu höheren Werten die Waren zu wandeln
Nach nötig und nützlich sich weisenden Normen,
Zum Wohl der Gesamtheit zu helfen und handeln
In eifrigem, ruhlosem Ringen und Regen —
So zeitigt die Tatkraft tiefsittlichen Segen.

Die Früchte der Arbeit entführt dann im Fluge
Das dröhnende Dampfroß mit rasender Schnelle
In rasselnd rollendem endlosen Zuge,
Sie trägt in die Weite der Weser Welle.
So ziehen zum Ziel sie durch Länder und Meere
Hannover zum Heile, Hannover zur Ehre.

Die günstige geographische Lage der Stadt Hannover an der schiffbaren Leine und dem Kreuzungspunkt zweier wichtiger Heerstraßen, welche das Binnenland mit dem Meere und den Osten mit dem Westen verbanden, wie die Betriebsamkeit des niedersächsischen Volksstammes brachten schon frühzeitig Handel und Gewerbe in Hannover zu hoher Blüte.

Mit großem Geschick verstanden es die Bewohner der Stadt, günstige Verträge mit wichtigen Handelsplätzen, so 1264 mit Hamburg, 1268 mit Hildesheim und später mit Bremen abzuschließen. 1368 trat Hannover dem mächtigen Hansabunde bei. Allerorten, wo der Handel Bedeutung hatte, bis zum fernen Nowgorod, treffen wir den hannoverschen Kaufmann. Mehr und mehr wuchs demzufolge der Reichtum der Bürgerschaft. Diesen richtete dann das Wüten der Pest und blutiger Fehden im 16. und die Schrecken des Dreißigjährigen Krieges im 17. Jahrhundert nach und nach zugrunde. Die Reste des einstigen Wohlstandes wurden während der Besetzung und der Brandschatzungen der Stadt durch die Franzosen in der Mitte des 18. und im Anfang des 19. Jahrhunderts völlig vernichtet.

Um die Wende des 18. Jahrhunderts zählte die Stadt nur noch 16500 Einwohner, die zumeist Ackerwirtschaft trieben und ein beschauliches Dasein führten. Abgesehen von einigen ganz bescheidenen Fabrikbetrieben und einigem Speditionshandel hätte Hannover fast alle wirtschaftliche Bedeutung verloren, wenn nicht das Brauwesen der Stadt, seitdem der Brauknecht Cord Broyhan 1526 das nach ihm benannte vortreffliche Weißbier erfunden hatte, zu hoher Berühmtheit gelangt wäre. Als die Zahl der Brauhäuser überhand nahm, beschränkte der Magistrat im Jahre 1609 die Braugerechtigkeit auf die bis dahin vorhandenen 317 Brauhäuser, deren Eigentümer bis auf den heutigen Tag die Brauergilde bilden. So gehören zurzeit Kaiser Wilhelm II. für die zum Königlichen Residenzschlosse gehörigen fünf brauberechtigten Grundstücke, der Herzog von Cumberland für die zum Königlichen Palais gehörigen fünf brauberechtigten Grundstücke, der Magistrat, der Fiskus u. a. m. als Mitglieder der Hannoverschen Brauergilde an. Am 13. September 1889 nahm Kaiser Wilhelm II. vor der festlich geschmückten städtischen Brauerei den Ehrentrunk und die Begrüßung durch den Vorstand als Mitglied der Brauergilde entgegen. Seit 1868 betreiben „die städtische Broyhan-Brauerei“ und „die städtische Lagerbier-Brauerei“ die Brauerei für die Mitglieder der Brauergilde. Jedes eheliche Kind der Mitglieder erhält bei seiner Verheiratung statt des üblichen frühern „Hochzeitsbraues“ 100 Mark. Die jährliche Dividende, die auf jedes Brauhaus entfällt, beträgt zurzeit 1000 Mark. Welch' ausgezeichneten Rufes weit über Hannovers Grenzen hinaus sich auch in der Gegenwart das Bier der städtischen Brauerei erfreut und welche Ausdehnung demgemäß die Produktion gewonnen hat, beweist der Umsatz, der im Geschäftsjahr vom 1. Oktober 1908 bis 30. September 1909 sich auf nahezu 235000 Hektoliter belief.

Original-Aufnahme von F. Astholz, Hannover.

DAS LINDENER RATHAUS
nach Plänen vom Architekt Seydel (1897—1899).

Diesen einen Betrieb ausgenommen, trat eine eigentliche Industrietätigkeit erst Ende der zwanziger Jahre des vorigen Jahrhunderts in Hannover und dem von dieser Stadt nur durch die Ihme getrennten Dorfe Linden* ein. Von da ab nahm die Entwicklung der Industrie auf allen Gebieten einen überraschend schnellen und mächtigen Aufschwung.

* Linden wurde 1885 infolge seiner sich mächtig entwickelnden Industrie zur Stadt erhoben, die am 1. Dezember 1905 rund 58000 Einwohner zählte und sich damit zur zweitgrößten Stadt der Provinz emporgeschwungen hatte.

Original-Aufnahme von Karl Thies, Hannover.

EHRENTRUNK KAISER WILHELMS II. AUF DER STÄDTISCHEN LAGERBIERBRAUEREI
am 13. September 1889.

Original-Aufnahme von Willy Roerts, Hannover.

BRAUER-GILDESTUBE IM BRAUER-GILDEHAUS.

STÄDTISCHE HÖHERE HANDELSSCHULE.

Im Jahre 1825 wurde in Hannover die erste Gasanstalt des europäischen Kontinents von der Imperial Continental-Gas-Association zu London errichtet, 1832 die erste Dampfmaschine des Landes im Krankenhause zu Hannover aufgestellt.

Besonders hohe Verdienste um das Aufblühen der Industrie in Hannover und seiner Umgebung hatte sich Johann Egestorff und sein genialer Sohn Georg erworben. Ersterer, als Sohn eines armen Fischers 1772 in Lohnde geboren (gestorben 1834), begründete eine Reihe von Ziegeleien, Kalkbrennereien und Steinbrüchen in der Nähe Hannovers sowie Kohlenbergwerke im Deister. Seinem Sohne Georg verdankt die Saline Egestorffhall (1831), die Lindener Eisengießerei (1835), eine Maschinenfabrik, welche 1846 die erste hannoversche Lokomotive herstellte,

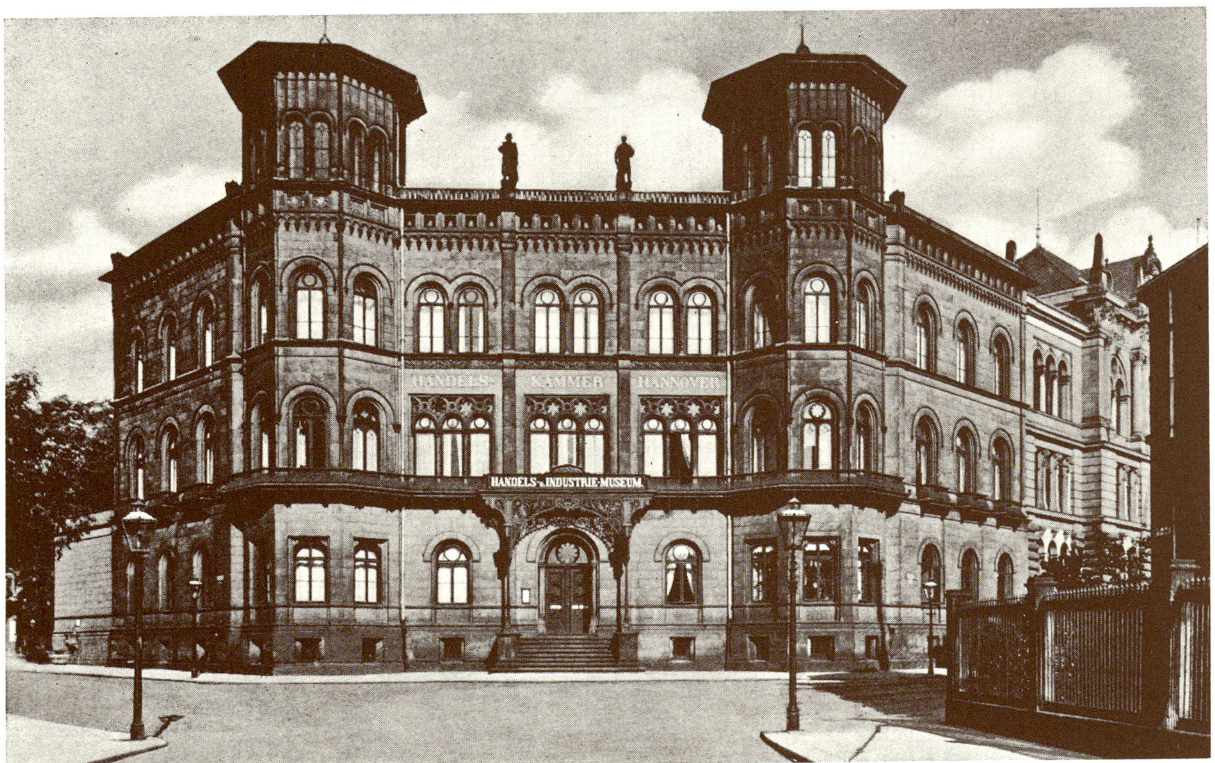

Original-Aufnahme von F. Astholz, Hannover.

HANDELSKAMMER
nach Plänen von Hofbaumeister Tramm.

eine Fabrik chemischer Produkte (1839), eine Ultramarinfabrik (1856) wie eine Zündhütchenfabrik (1857) ihre Entstehung. Als Georg Egestorff am 7. Mai 1868 kinderlos starb, waren in den von ihm und seinem Vater begründeten Industrien 1650 Arbeiter beschäftigt, die ihrem warmherzigen, edlen Brotherrn, der wie ein Vater für ihr Wohl gesorgt, aufrichtig nachtrauerten.

Besonders segensvollen Einfluß auf die mächtige Entwicklung des Gewerbes und der Industrie in Hannover gewann der 1828 und der 1834 begründete Gewerbeverein. Die rührige, unermüdliche Tätigkeit des ältern Gewerbevereins führte 1831 zur Eröffnung der „Höheren Gewerbeschule" in Hannover, aus der später die Königliche Technische Hochschule hervorging. Der 1834 ins Leben getretene Gewerbeverein, der bereits im ersten Jahre seines Bestehens 2667 ordentliche und 3920 außerordentliche Mitglieder zählte, wandte mit bestem Erfolge dem gewerblichen Fortbildungsunterricht seine volle Aufmerksamkeit zu und trug durch Veranstaltung von Ausstellungen, unter denen die große von 1459 Ausstellern beschickte „Allgemeine Gewerbe-Ausstellung der Provinz Hannover" vom Jahre 1878 die bedeutsamste war, zur Förderung von Gewerbe und Industrie wesentlich bei.

Zurzeit hat der Fabrikantenverein für Hannover und die benachbarten Kreise (Bureau Brühlstraße 1) fast alle hiesigen Industriellen in sich vereinigt und sorgt tatkräftig für deren Interesse.

Daß zurzeit das gewerbliche und kaufmännische Fortbildungswesen in Hannover auf außerordentlicher Höhe steht, ist der unermüdlichen, opferwilligen und zielbewußten Pflege, welche die Stadtverwaltung von jeher diesem wichtigen Zweige des Unterrichtswesens angedeihen ließ, zu danken. Die städtische Handwerker- und Kunstgewerbeschule und die städtische Handelsschule sind vorbildliche Musteranstalten. Mit der Einrichtung von Meisterkursen, die jetzt an vielen Orten zur Einführung kommen, ging Hannover im Jahre 1899 bahnbrechend vorauf.

Die Ausbreitung der Dampfmaschinen und vor allem der Bau von Eisenbahnen (die erste Strecke Hannover-Lehrte wurde am 29. August 1843 eröffnet) hatte naturgemäß die starke Entwicklung der Großindustrie zur Folge.

Heute ist Hannover mit der Schwesterstadt Linden eine Industriestadt ersten Ranges, deren Erzeugnisse zum großen Teil sich eines europäischen, ja eines Weltrufes erfreuen.

Charakteristisch für Gewerbe und Industrie in Hannover und seiner Umgebung ist deren außerordentliche Vielseitigkeit, die alle Gebiete nahezu lückenlos umfaßt.

Original-Aufnahme von Karl F. Wunder, Hannover.

DIE HAUPTPOST
nach Plänen des Geh. Oberregierungsrats Kind (1879—1881).

Ein Grund für das schnelle Aufblühen der Industrie Hannovers liegt auch in dem außerordentlichen Reichtum an Bodenschätzen aller Art in der nächsten Umgebung der Stadt. Dicht vor ihren Toren bei Limmer liegen mächtige Asphaltlager, die 1843 erschlossen wurden und zur ersten deutschen Anlage von Asphaltfabrikation führten, deren Produkte nach allen fünf Erdteilen zur Versendung kommen. Im Osten Hannovers bei Misburg dient der dort lagernde Kreidekalk und Ton zur Herstellung von jährlich mehr als einer Million Faß Portlandzement. Mächtige Kalilager und Erdölquellen ergeben reiche Ausbeute. Dazu kommen Steinkohle, Braunkohle und Torf, Sandstein, Kalkstein, Lehm, Eisenerde, Kieselgur, Salz, Mergel, Kies und weißer Sand, Sol- und Schwefelquellen.

Von den Nachteilen, die eine mächtig sich entwickelnde Industrie in andern großen Städten mit sich bringt, wird Hannover kaum berührt, da das eigentliche Fabrikzentrum mit großer Arbeiterbevölkerung die Stadt Linden ist, während der weite Kranz von Wiesen, Park und Wald, der die Stadt Hannover umspannt, stets für gute Luft Sorge trägt und die Anlage gärtnerischer, ausgedehnter Villenquartiere außerordentlich begünstigt.

Der gewaltigen Entwicklung auf industriellem Gebiete entspricht die mächtige Ausdehnung, die Handel und Verkehr genommen haben.

Gegenwärtig verkehren auf dem hannoverschen Staatsbahnhofe täglich regelmäßig 193 Personen- und 107 Güterzüge, außerdem bei Bedarf bis zu 45 Personen- und 45 Güterzüge. Im Jahre 1908 kamen 2 722 508 Personenfahrkarten (1867: 312 690) ohne die Bahnsteigkarten zur Ausgabe; an Gütern kamen in Hannover allein ohne Linden an 897 722 Tonnen (1867: 252 690), an Gütern gingen ab 232760 Tonnen (1867: 116827). Die Post ließ zur Bestellung gelangen an Briefen, Postkarten, Drucksachen und Warenproben 46279500 Stück (1867: 2603507), an Paketen ohne Wertangabe 2020005 Stück (1867: 190151), an Postanweisungen über 160081842 M. (1867: 5673255 M.).

Mit dem mächtigen Aufschwunge der Verkehrsanstalten hat auch das Bankwesen gleichen Schritt gehalten. Außer der Hannoverschen Bank, die im Jahre 1908 einen Umsatz in Höhe von 4373568762 M., also nahezu von $4^1/_2$ Milliarden hatte (1868: 351039183 M.), sind alle namhaften deutschen Großbanken durch Filialen in Hannover vertreten. Dazu kommt noch eine große Zahl

Original-Aufnahme von G. Kugelmann, Hannover.

KAISERLICHE REICHSBANK
nach Plänen vom Architekten Hasak.

angesehener privater Bankfirmen. Der Geschäftsumsatz der Reichsbankhauptstelle einschließlich der zugehörigen Nebenstellen betrug im Jahre 1908 3645823600 M.

Seit einigen Jahren besitzt Hannover seine eigne Börse.

Die gesetzliche Vertretung von Handel und Industrie ist die Handelskammer in Hannover, die sich in dem ehemalig Simonschen Palais befindet, in welchem zurzeit auch das sehenswerte Handels- und Industrie-Museum untergebracht ist.

Wenn erst der Rhein-Weser-Kanal, der jetzt im Bau begriffen ist und in der Stadt Hannover seinen Abschluß finden soll, fertiggestellt sein wird, ist ein weiterer mächtiger Impuls für die fernere kräftige, gesunde Entwicklung der Industrie, des Handels und des Verkehrs in Niedersachsens Metropole gegeben.

Original-Aufnahme von G. Wilkening, Hannover.

DAS NEUE RATHAUS

Hoch reckt Dein stolzer Kuppelbau
Empor sich übers Häusermeer,
Als wackrer Hüter hält er Schau
Weit in die Lande ringsumher.

Ein Sinnbild selbstbewußter Kraft,
Die, was erstrebenswert, erstrebt,
Nie rastend, unermüdlich schafft,
Zu höchstem Ziel die Schwingen hebt.

Nur Deiner Bürger Heil geweiht
Sollst Du ihr Segenspender sein
Und schauen noch in fernster Zeit
Hannovers Blühen und Gedeihn.

VII. STADTVERWALTUNG UND WOHLFAHRTS-EINRICHTUNGEN

Mächtig erhebt sich, aus den herrlichen Anlagen des Friedrichwalles emporsteigend und selbst die höchsten Kirchtürme der Stadt überragend, der Monumentalbau des „Neuen Rathauses", ein Sinnbild unerschütterlichen Gemeinsinns, stolzen Selbstgefühls, willensstarker Tatkraft und verständnisvollen Weitblicks, der nicht nur den Forderungen der Gegenwart, sondern auch den Bedürfnissen der Zukunft nach Möglichkeit Rechnung trägt.

Original-Aufnahme von Karl F. Wunder, Hannover.

DAS NEUE RATHAUS (HAUPTFRONT)
nach preisgekrönten Plänen von Geh. Oberbaurat Eggert.

Original-Aufnahme von Karl F. Wunder, Hannover.

DAS NEUE RATHAUS VOM MASCHPARK AUS GESEHEN.

Original-Aufnahme von F. Astholz, Hannover.

ANSICHT VON HANNOVER.

Ohne solche Eigenschaften hätten nimmermehr die gewaltigen Aufgaben, welche die rapide Entwicklung der Stadt Hannover an die Stadtverwaltung stellte, in so glücklicher Weise ihre Lösung gefunden, zumal Magistrat und Bürgervorsteherkollegium stets ernstlich darauf bedacht blieben, die Steuerkraft der Einwohnerschaft möglichst zu schonen.

Welche enormen Anforderungen in den letzten 20 Jahren an die Stadtverwaltung herangetreten sind, ergeben einige Beispiele: So erforderten die in hygienischer Beziehung so wichtige Kanalisation der Stadt nahezu 26 Millionen, die Wasserwerke, welche die Stadt mit vorzüglichem Trinkwasser versorgen, 14 Millionen, die Elektrizitätswerke $10\frac{1}{2}$ Millionen, der Bau des Rathauses, das sich auch den bedeutendsten derartigen Bauwerken Deutschlands würdig zur Seite stellen kann, an landschaftlicher Schönheit seiner Umgebung jedoch wohl einzig dasteht, 10 Millionen, das Krankenhaus I $3\frac{4}{5}$ Millionen, die Markthalle über $2\frac{1}{3}$ Million, die städtische Badehalle 1 Million, die Schulhäuser 11 Millionen, der städtische Zuschuß für die Umgestaltung der Eisenbahnanlagen in und bei Hannover, insbesondere auch für die Umgehungsbahn, 6 Millionen.

Original-Aufnahme von Hofphotograph Alex. Möhlen, Hannover.

STADTDIREKTOR TRAMM.

An jährlichen Zuschüssen leistet die Stadtverwaltung für das Schulwesen $4\frac{2}{3}$ Millionen, für das Armenwesen 1,1 Million.

Die Zinsgarantie für den Rhein-Hannover-Kanal und die Anlage umfangreicher Hafenbauten, der Bau einer würdigen Stadthalle und einer geräumigen Ausstellungshalle, die demnächst erstehen sollen, werden ebenfalls viele Millionen in Anspruch nehmen.

Daß trotz dieser großartigen Aufwendungen, welche die gesunde Entwicklung Hannovers notwendig machte, hier die Kommunalsteuern niedriger sind als in fast allen Großstädten Deutschlands, beweist, wie geschickt die Finanzen der Stadt verwaltet werden.

Geradezu ein finanzielles Meisterstück war die Aufbringung der hohen Bausumme für das Rathaus, welche dank kluger Bodenpolitik gelang, ohne der Bürgerschaft auch nur einen Pfennig mehr an Steuern aufzuerlegen.

Für die Sauberkeit der Straßen, die zumeist asphaltiert sind, wird in ausgiebigster Weise gesorgt.

Auf dem Gebiet der Beleuchtung ging Hannover von alters her bahnbrechend vor. War sie doch die erste Stadt Deutschlands, welche Straßenbeleuchtung, und die erste auf dem Kontinent,

Original-Aufnahme von W. Wehrhahn, Hannover.

WASSERKUNST AUF DEM LINDENER BERGE.

die das Gaslicht einführte. Das erste städtische Elektrizitätswerk in Deutschland hat Hannover 1890/91 erbaut.

Elektrisches Licht und Auersches Gaslicht verbreiten auf Straßen und Plätzen strahlende Helle und erleuchten die Schaufenster der Kaufläden, Vergnügungslokale und Privatwohnungen.

Auf besonderer Höhe steht auch das Feuerlöschwesen Hannovers. Hier kam der erste Automobillöschzug, die erste Automobilrettungsleiter zur Einführung. Die Organisation der Feuerwehr ist mustergültig.

Die alle Straßen durchziehende Kanalanlage, das gute Trinkwasser, die nach modernen Grundsätzen mit den vorzüglichsten hygienischen Einrichtungen versehenen Krankenhäuser und Wohlfahrtsanstalten, die vortrefflichen Badegelegenheiten und Vorrichtungen zur Körperpflege machen im Verein mit dem günstigen Klima Hannover zu einer der gesundesten Städte des Kontinents.

Original-Aufnahme von Hofphotograph Alex. Möhlen, Hannover.

FLUSS-WASSERKUNST
nach Plänen von Professor Stier (1896—1898).

Original-Aufnahme von Karl F. Wunder, Hannover.

STÄDTISCHE BADE-ANSTALT
nach Plänen von Stadt-Oberbaurat Dr. Wolff (1902—1905).

Original-Aufnahme von G. Alpers jun., Hannover.

SCHWIMMBASSIN IN DER STÄDTISCHEN BADE-ANSTALT.

Original-Aufnahme von F. Astholz, Hannover.

LUFTBAD FÜR DAMEN.

Die in der Goseriede gelegene, mit allem Komfort der Neuzeit eingerichtete städtische Badeanstalt, welche drei große Schwimmhallen, 42 Wannenbäder, Dampf- und Luftbäder enthält, wird von keiner Badeanstalt Deutschlands übertroffen. Minderbemittelten stehen drei städtische Brausebäder zur Verfügung.

Die Volksschulen besitzen eigne Badeeinrichtungen. Für Flußbäder bieten verschiedene Anstalten an der Leine und Ihme ausgiebige Gelegenheit. Für Luft-, Licht- und Sonnenbäder hat der Luftbad-Verein Hannover durch Einrichtung einer in der Nähe der Eilenriede gelegenen Luftbadeanstalt, mit gesonderten Abteilungen für Damen und Herren, Sorge getragen.

Original-Aufnahme von G. Hallenstein, Hannover.

FLUSS-BADEANSTALT.

Die Schwefel- und Solbäder des Bades Limmer bei Hannover wie die Salzbäder des Fössebades erfreuen sich besten Rufes. Natürlich fehlt es der Stadt auch nicht an einer großen Zahl Privat-Badeanstalten für Bäder jeder Art.

Die Stadtverwaltung, die in so umfassender Weise für die Wohlfahrt der Einwohnerschaft Hannovers sorgt, besteht aus dem Magistratskollegium, an dessen Spitze der Stadtdirektor (Oberbürgermeister) und sein Stellvertreter, der Stadtsyndikus (Bürgermeister), stehen, und aus dem von der Bürgerschaft gewählten Bürgervorsteherkollegium. Die gemeinsamen Sitzungen sind öffentlich.

Original-Aufnahme von Karl Thies, Hannover.

DAS PROVINZIALSTÄNDEHAUS
nach Plänen von Baurat Wallbrecht (1879—1880).

VIII. LEBENSVERHÄLTNISSE IN HANNOVER

Hannover als Hauptstadt der Provinz gleichen Namens ist Sitz vieler hoher königlicher Behörden, so des Oberpräsidiums, des Regierungspräsidiums, des Polizeipräsidiums, der Landwirtschaftskammer, der Oberzolldirektion, der Eisenbahndirektion, der Kaiserlichen Oberpostdirektion und vieler anderer mehr.

An der Spitze der Provinzialverwaltung steht das Landesdirektorium unter einem Landeshauptmann.

Der Provinziallandtag hält alljährlich seine Sitzungen in dem Provinzialständehause, einem sehenswerten Monumentalbau am Schiffgraben, ab.

Als Militärstadt ist Hannover mit der großen Zahl militärischer Behörden, der starken Garnison, die nahezu alle Waffengattungen aufweist, und seinen militärischen Bildungsanstalten von hervorragender Bedeutung. Von Militärbehörden sind besonders hervorzuheben die dritte Armee-Inspektion, das 7., 10., 13. und 18. Armeekorps umfassend, das General-Kommando, das Oberkriegsgericht, die Intendantur, das Sanitätsamt und das Bekleidungsamt des 10. Armeekorps; Stab und Intendantur der 19. und 20. Division, Stab der 38. und 39. Infanterie-Brigade, der 19. und 20. Kavallerie-Brigade und der 20. Feldartillerie-Brigade, das Königliche Militär-Reitinstitut, die Königliche Kriegsschule und die Königliche Lehrschmiede (s. S. 79).

Original-Aufnahme von F. Astholz, Hannover.

ULANENKASERNE.

Original-Aufnahme von Karl F. Wunder, Hannover.

KÖNIGLICHES POLIZEIPRÄSIDIUM.

Original-Aufnahme von Karl Thies, Hannover.

SCHIFFGRABEN.

Original-Aufnahme von Karl F. Wunder, Hannover

HOHENZOLLERNSTRASSE.

Hannover gehört, wie bereits erwähnt, infolge seiner vorzüglichen hygienischen Einrichtungen und seines überaus günstigen Klimas zu den gesundesten Städten des Kontinents und blieb in der Neuzeit von verheerenden Seuchen völlig verschont. Durchschnittlich kommen im Jahr auf 1000 Einwohner nur 15 Sterbefälle.

Das Klima in Hannover ist vorwiegend ozeanisch, da 75 Proz. aller Winde von Westen über den Atlantischen Ozean kommen und im Sommer kühle, im Winter milde Tage bringen. Gegen die scharfen Ostwinde gewährt der Hochwald der Eilenriede erheblichen Schutz. Die warme Strömung des Golfstromes wirkt so mildernd auf das Klima Hannovers ein, daß die durchschnittliche Jahreswärme 9,1 ⁰ C beträgt, während sich als Durchschnittswärme des 52. Breitegrades rund um die Erde herum nur 3,8 ⁰ C ergibt. Der Juli ist der wärmste, der Januar der kälteste Monat im Jahr; ersterer hat eine mittlere Temperatur von 17,7 ⁰ C, letzterer von 0,1 ⁰ C.

Nach den neuesten Berechnungen beträgt die durchschnittliche Regenhöhe für die Stadt Hannover 637 mm. Der mittlere Barometerstand beträgt 756,5 mm. Die täglichen Beobachtungen über Wärme, Luftdruck und Feuchtigkeit werden an der Wettersäule beim Café Kröpcke bekanntgegeben.

Wälder und Parkanlagen in nächster Nähe der Stadt sorgen für ozonreiche gute Luft. Infolge der Durchlässigkeit des Bodens sind Wege und Stege auch nach starkem Regen in kürzester Zeit wieder trocken.

Die angenehmen klimatischen Verhältnisse in Verbindung mit den Vorzügen, die Hannover vor vielen andern Städten auszeichnen, veranlassen viele Familien, besonders Rentner, pensionierte Offiziere und Beamte, hierher ihren Wohnsitz zu verlegen.

Dazu tragen auch die günstigen Lebensbedingungen, die verhältnismäßig niedern Kommunalabgaben und Wohnungsmietpreise, sowie die im Vergleich mit andern Städten immer noch billig zu nennenden Lebensmittelpreise wesentlich bei.

Hannover mit seinen schönen Parkanlagen, seinem herrlichen Hochwalde, in dessen Nähe eine Villenkolonie nach der andern entsteht, eignet sich als bleibender Aufenthalt besonders für Familien, die in landschaftlich schöner, gesunder Lage ein eignes Haus zu besitzen wünschen.

Die jüngst vollzogene Eingemeindung einiger Vororte und das weitgespannte Netz von Außenlinien der elektrischen Bahn, welches für gute Verbindung mit der innern Stadt sorgt, begünstigen den Bau von Einfamilienhäusern in gesunder Luft außerordentlich.

Um auch hochgespannten Anforderungen Genüge zu leisten, hat die Stadtverwaltung ein mit prächtigen Eichen bestandenes, sich dicht an den schönsten Teil des Hochwaldes der Eilenriede anlehnendes Gebiet für die Bebauung derart freigegeben, daß zu verhältnismäßig billigem Kaufpreise nur größere Parzellen zur Abgabe kommen, um die Schöpfung eines Quartiers vornehmer Villen mit eignen Parkanlagen zu ermöglichen.

So verbindet Hannover gewissermaßen die Vorzüge des Landlebens mit denen der Großstadt.

Ausländer, die sich in der deutschen Sprache vervollkommnen wollen, bevorzugen Hannover, weil in dieser Stadt, wie allgemein bekannt ist, das reinste Deutsch gesprochen wird, und sich zu Sport und Spiel die ausgezeichnetste Gelegenheit bietet.

IX. TURNEN, SPORT UND SPIEL

Original-Zeichnung von
Prof. Jordan, Hannover.

Die Kraft gestählt in Sport und Spiel,
Geübt den Blick, die Hand!
„Ein starkes Volk" — das sei das Ziel —
„Im deutschen Vaterland!"

TURNEN

Im Anfange des vorigen Jahrhunderts, in jener Zeit, da Deutschland unter dem schweren Joch französischer Zwingherrschaft seufzte, war es der begeisterte Patriot Friedrich Ludwig Jahn, der die deutsche Jugend aufrief, durch gesunde Leibesübung Körper und Geist zu stählen und die so gewonnene Kraft in den Dienst des Vaterlandes zu stellen.

Im Juni 1811 wurde der erste deutsche Turnplatz auf der Hasenheide bei Berlin eingerichtet. Wie in jenen Tagen, denen gar bald das gewaltige Völkerringen des Befreiungskrieges folgte, ist die Begeisterung für Deutschtum und für das deutsche Vaterland bis zur Gegenwart mit dem deutschen Turnen aufs engste verbunden geblieben.

In Hannover trat im Jahre 1831 der erste Turnverein, gegründet auf Anregung eines wackern Jünglings, Fritz Kohlrausch, von Schülern der höhern Lehranstalten, ins Leben. 1834 erwarben der aus 80—100 Schülern des Lyzeums und der höhern Bürgerschule bestehende Verein und einige Erwachsene einen Platz in der Glocksee am Zusammenfluß der Ihme und Leine und führten dort zur Sommerzeit ein fröhliches und begeistertes Turnerleben. Im Jahre 1848 entstand der Männerturnverein, der in dem ersten hervorragenden Turner, den Hannover kennen lernte, dem Buchdrucker Franz Metz, einen vorzüglichen Turnlehrer fand.

Der alte Verein nahm nun die Bezeichnung „Schulturnverein" an und schloß unter Leitung des Buchhändlers A. von Seefeld, der sich um das Jugendturnen in Hannover hoch verdient gemacht hat, einen Vertrag mit dem Magistrate ab, nach welchem die Stadt einen Sommerturnplatz beim „Neuen Hause" und einen Turnlehrer, den obenerwähnten Franz Metz, stellte, sowie sämtliche Schüler der beiden höhern Schulen, die Hannover damals besaß, dem Vereine als Mitglieder zuwies. Das war der Anfang des hannoverschen Schulturnens, das in Leonard Körting, der später an Stelle von Metz zehn Jahre lang die Leitung des Turnunterrichts übernahm, einen besonders opferwilligen und erfolgreichen Förderer fand.

Aus Mitgliedern des Männerturnvereins bildete sich später die „freiwillige Feuerwehr", die ein halbes Jahrhundert lang, bis zur Begründung einer Berufs-Feuerwehr, sehr segensreich wirkte. 1852 bildete sich die „Turnerschaft des Arbeitervereins". Beide Vereine erfreuen sich eines guten Rufes und stehen auf der Höhe des Vereinsturnens.

PYRAMIDE DES TURN-KLUBBS.

Der „Turn-Klubb“ wurde im Jahre 1858 am 10. Januar gegründet. Er zählte im Jahre 1909 etwa 900 Mitglieder in zwei Männerabteilungen und umfaßt außerdem gegenwärtig zwei Damenabteilungen, eine Mädchenabteilung, zwei Schülerabteilungen für Schüler höherer Schulen, eine solche für Volksschüler und eine Lehrlingsabteilung. Er besitzt ferner eine Fechtabteilung, eine Spielabteilung, eine Radfahrabteilung, eine Schneeschuhabteilung, eine „Genossenschaft freiwilliger Krankenpfleger im Kriege“ und eine Abteilung für „Leibesübungen in freier Luft“, die von Ostern bis Ende Oktober an allen Sonn- und Feiertagen auf den städtischen Spielplätzen öffentliche Volks- und Jugendspiele abhält und durch die Einführung des unentgeltlichen Schwimmunterrichts an Volksschüler und Volksschülerinnen sehr segensreich wirkt. Im Jahre 1909 nahmen an diesem Unterricht 900 Knaben und 700 Mädchen teil, von denen 600 Knaben und 500 Mädchen das Schwimmen erlernten.

Seit dem Jahre 1865 besitzt der Verein eine eigne mustergültige Turnhalle. Der Turn-Klubb gehört zu den tüchtigsten und leistungsfähigsten Vereinen der deutschen Turnerschaft; er bildet den Gipfel aller turnerischen Bestrebungen in der Stadt Hannover und im sechsten deutschen Turnkreise.

Auf dem VIII. Deutschen Turnfest in Breslau 1894 erhielt er außer fünf weitern den ersten Siegespreis (Georg Weitz), auf dem IX. (1898 in Hamburg) wiederum sechs Preise, auf dem X. (1903 in Nürnberg) sieben Preise im Sechskampf und drei im Dreikampf, auf dem XI. (1908 in Frankfurt a. M.) acht Preise im Sechskampf, drei im Fünfkampf und einen Preis im Fechten. Der Riege, die von der Deutschen Turnerschaft 1905 nach Indianopolis zum nordamerikanischen Bundesturnfeste entsandt wurde, gehörten zwei Mitglieder des Turn-Klubbs, Georg Bade und Fritz Wolf, an, ersterer ging als erster, der andre als zweiter Sieger aus dem Wettkampfe hervor. Bei den niederländischen Bundesturnfesten in Amsterdam (1893) und Apeldoorn (1905), an denen der Turn-Klubb sich mit je einer Musterriege beteiligte, wurden deren sämtliche Mitglieder durch Preise ausgezeichnet. In den Tagen vom 15.—17. Februar 1908 feierte der Turn-Klubb unter lebhafter Beteiligung der Spitzen der Behörden und der deutschen Turnerschaft das Fest seines fünfzigjährigen Bestehens.

HANDSTÜTZÜBUNGEN DES TURN-KLUBBS.

Drehschwungstemmen auf einer Hand.

Ausgrätschen mit Wiederfassen.

Grätsche.

Hand auf Hand.

Turnhalle.

Freier Überschlag, rückwärts.

Freihochsprung.

Riesenfelge vorwärts und freier Überschlag vorwärts über die Stange.

Riesenfelge mit freiem Überschlag, vorwärts.

DER TURN-KLUBB BEI DER ARBEIT.

Original-Aufnahmen von F. Weist, Hannover.

Original-Aufnahme von F. Astholz, Hannover.

Turnen der Damenabteilung des Turn-Klubbs vor der Halle.

Herrenturnen in der Halle.

Original-Aufnahme von Aug. Bies, Hannover.

FREIÜBUNGEN DES TURN-KLUBBS.

Original-Aufnahme von W. Wehrhahn, Hannover.

SCHWIMMUNTERRICHT (TROCKENSCHWIMMEN) DER VOLKSSCHÜLER
DURCH MITGLIEDER DES TURN-KLUBBS IN DER STÄDTISCHEN BADEANSTALT.

Zu diesen drei ältesten Turnvereinen trat im Laufe der letzten 20 Jahre eine Reihe weiterer Vereine hinzu; auch an der Königl. Technischen Hochschule und der Königl. Tierärztlichen Hochschule bestehen akademische Turnvereine.

In sämtlichen Schulen Hannovers, Knaben- wie Mädchenschulen, in höhern Lehranstalten wie Volksschulen ist das Turnen ein allgemein verbindlicher Unterrichtsgegenstand, von dem Dispension nur auf Grund ärztlicher Bescheinigung zulässig ist. Jeder Schule steht eine schöne, helle, geräumige Turnhalle, ausgestattet mit den besten Turngeräten, zur Verfügung. Unter Leitung des Stadt-Turninspektors A. Böttcher ist das städtische Schulturnwesen zu kräftiger Blüte gelangt.

Alljährlich findet in Hannover ein Ausbildungskursus für Turnlehrerinnen mit staatlicher Prüfung statt.

FECHTEN

Außer der Fechtabteilung des Turn-Klubbs pflegt besonders der „Fechtklub Hannover" die Fechtkunst mit großem Eifer und zeichnet sich durch vortreffliche Leistungen aus. Die Hauptwaffen sind: Deutscher Säbel, leichter italienischer Säbel und Florett. Zu diesen Vereinigungen ist in neuerer Zeit noch der „Deutsch-italienische Fechtklub" hinzugetreten, der unter Leitung eines italienischen Fechtmeisters das Fechten mit Florett, leichtem Säbel und Degen pflegt.

Original-Aufnahme von Karl F. Wunder, Hannover.

FECHTKLUB HANNOVER (Turnplatz am Clever Tor).

Original-Aufnahme von A. Bies, Hannover.

SCHÜTZENAUSZUG.

DER SPORT

Trägt die Stadt Hannover mit Recht den Namen „Stadt der Schulen“, so gebührt ihr nicht minder der Ruhm, als Pflegestätte gesunden Sportes jeder Art auf dem Kontinent mit in erster Reihe zu stehen, sowohl was die Zahl der Vereine als auch die Höhe ihrer Leistungen betrifft.

SCHÜTZENWESEN

Der älteste Sport, der in Hannover seit dem 13. Jahrhundert mit besonderm Eifer getrieben wird, ist der Schießsport.

Wie vor mehr als einem halben Jahrtausend sich der Stadt Bürger auf dem alten Schießplatz vor den westlichen Toren der Stadt mit Armbrust im Papagoinschießen eifrig übten, um ihre Heimstätten in Zeiten der Gefahr mannhaft verteidigen zu können, so setzen sie auch noch in gegenwärtiger Zeit eine Ehre darein, sich als wackere, sicher treffende Schützen zu erweisen, die, wenn das Vaterland ruft, stets zur Stelle sind.

Die Stadtverwaltung hat von jeher dem städtischen Schützenwesen ihre ernsteste Fürsorge zuteil werden lassen. So wurden erst vor wenig Jahren dem Schützenkollegium von der Stadt 160000 M. unter den günstigsten Bedingungen zur Verfügung gestellt, um den Schießplatz hinter dem Schützenhaus zu modernisieren und den Satzungen des Deutschen Schützenbundes entsprechend umzubauen.

Bei dem „Freischießen“, das im Juli jedes Jahres stattfindet, ist der besten Schützen Lohn neben mancherlei wertvollen Gewinnen „Abgabenfreiheit“.

Dieses „Freischießen“, das „Schützenfest“, welches vom Montag bis Mittwoch währt, ist ein Volksfest in des Wortes vollster Bedeutung und von eigenartigem Gepräge.

Original-Aufnahme von F. Astholz, Hannover

SALUTSCHIESSEN.

Original-Aufnahme von F. Astholz, Hannover.

SCHÜTZENANMARSCH AUF DEM FESTPLATZ.

Original-Aufnahmen von F. Astholz, Hannover (1–4), und W. Lüder, Hannover (5).

AUF DEM SCHÜTZENPLATZ.

An dem voraufgehenden Sonntage findet eine Vorfeier statt. In unabsehbaren Strömen ergießt sich die nach vielen, vielen Tausenden zählende Volksmasse über den Festplatz auf der Ohe, wo sich eine luftige Zeltstadt breitet und Volksbelustigungen verschiedenster Art unter unglaublichem Aufwand von vokalem und instrumentalem Tongewirr die Menge anlocken.

Kaum ist die Sonne hinter der Bergkette des Deisters zu Rüste gegangen, so flammen mächtige leuchtende Sonnen, Tausende von elektrischen Lampen jeder Form und Farbe auf und tauchen die sich drängende, schiebende und stoßende Menge in ein Lichtmeer. Besonders auf dem Rundteil, einem großen Rasentanzplatz, wiegen sich die Paare zu den Klängen flotter Walzer trotz der Überfülle in sprühender Lust. Schneller rasen die Karussels, höher schwingen sich die Schaukeln, lauter wird das fröhliche Lachen. Der sonst nahezu steife und schwerblütige Hannoveraner treibt es fast ausgelassener als der leichtblütige Rheinländer bei seinem Karneval. So ist es auf dem Schützenfest von altersher gewesen und wird wohl auch in Zukunft so bleiben.

Original-Aufnahme von W. Lüder, Hannover.

RUTSCHBAHN.

Kaum graut der Montagmorgen, so wird Generalmarsch geschlagen; die großen Trommeln der Bürgergarde rasseln durch die Straßen. Der Schützendiener der Stadt läßt seinen Ruf ertönen: „Hört Bürger und Bürgerskinder, und wer will mit genießen nach der Scheibe schießen mit der Büchse und dem gezogenen Gewehr, komme 7 Uhr zum Rathaus her!"

Von allen Stadtteilen marschieren dann Vereine mit Musikkapellen nach dem Rathause. In den Straßen wogt eine freudig bewegte Menge. Um 8 Uhr setzt sich der Festzug in Bewegung, berittene Herolde voran; Hüte und Gewehrläufe sind mit Sträußen geschmückt, aus allen Fenstern flattern Blumen hernieder zu den stramm marschierenden Schützen, die nicht wenig stolz auf ihre schmucken Uniformen sind; hier und da durchbricht eine freudig errötende Mädchengestalt die Reihen, um dem Herzallerliebsten ein Blumengewinde um die Schultern zu legen.

Nun donnern vom Schützenplatz aus die Kanonen zum Zeichen, daß die Spitze des langen Zuges den Festplatz erreicht hat. Die große Parade auf dem Rondell beginnt. Bald knattert es auf allen Schützenständen ohne Unterbrechung. Die Wirte und Festbudenbesitzer lachen; ihr Weizen blüht.

Dies lustige Treiben dauert drei Tage. Mit der vorschreitenden Nacht steigert sich das Necken und Scherzen, das Jubeln und Johlen. Ihr Schützenbräutchen am Arm, bahnen sich junge und wohl auch ältere Männer den Weg durch die Menge, die Lust des Augenblicks in vollen Zügen genießend. Aber auch mancher Herzensbund fürs Leben wird hier geschlossen.

Auf dem Schützenfestplatze sind alle Standesunterschiede aufgehoben. Am Dienstagabend halten die Spitzen der Behörden, die Mitglieder des Magistrats und des Bürgervorsteherkollegiums ihren Umgang durch die Vereinszelte. Manch gutes, frohes Wort wird da gesprochen und mancher Becher geleert.

Als König Ernst August und König Georg noch in Hannover residierten, erschien der Hof regelmäßig, um an dem Volksfest und des Volkes Freude teilzunehmen.

Eine wohltätige Pause tritt am Donnerstag ein und reicht bis zum Sonntag, dem sogenannten Ballsonntag, der des Festes frohen Abschluß bringt.

DIE MEUTE.

Original-Zeichnung von A. Stöcke, Hannover.

JAGD- UND REITSPORT

Dem Schützenwesen steht der Jagdsport am nächsten. Ein großer Teil der Mitglieder der verschiedenen Schützengesellschaften huldigt daher dem edlen Weidwerk, der Hoch- und Niederjagd, zu der schon die nähere und nächste Umgebung Hannovers reiche, abwechslungsvolle Gelegenheit bietet.

Im Osten und Süden der Stadt haben wir vorzügliche Feldjagden, mit Hasen, Hühnern und Fasanen, im Westen, in dem waldreichen Deister- und Süntelgebiet, einen guten Rehstand, auch fehlt es dort nicht an Schwarzwild; der Norden, wo Heide und Moor in unabsehbaren Weiten sich dehnen, lockt den Jäger zur Birkhahnbalze und zum Anstand auf Wildenten.

Die alljährlich stattfindenden Parforcejagden, die von den Offizieren des Militärreitinstituts veranstaltet werden, haben hervorragende Bedeutung.

Unsre herrliche Meute muß jeden Kynologen begeistern. Und wenn es zum „frohen Gejaid“ geht, folgt der Meute die Elite der Herrenreiter, der sich eine stattliche Zahl gewandtester Reiterinnen anschließt. Freiherr von Dincklage bezeichnete jüngst in einem Artikel das Militärreitinstitut zu Hannover als eine „Hochschule militärischer Reitkunst“, und dies mit Recht, sind doch eine ganze Anzahl der besten Herrenreiter aus der hannoverschen Schule, deren Lehrmeister der berühmte Reitergeneral von Rosenberg war, hervorgegangen. Ihm setzten 2000 deutsche Reiteroffiziere in Hannover ein Denkmal, zu dem Kaiser Wilhelm II. einen mächtigen Granitfindling geschenkt hatte. Der Kaiser und der Kronprinz wohnten der Enthüllungsfeier (20. April 1902) bei.

Infolge vorzüglicher Leistungen des Militärreitinstituts marschiert Hannover auf dem Gebiet des Reitsports in ganz Europa mit an erster Stelle.

Original-Aufnahme von Karl F. Wunder, Hannover.

ROSENBERG-DENKMAL.

Unter den sämtlichen Rennplätzen des Kontinents dürfte es den fünften Platz einnehmen.

Wenn die Lenzessonne des Schnees und Eises Fesseln bricht und die junge Erde sich mit ihrem reichsten Blütengewande schmückt, dann kommen die Tage des Frühlingsrennens.

Original-Aufnahmen von B. Berger, Hannover.

REITSPORT DER OFFIZIERE DES MILITÄR-REITINSTITUTS.

TRIBÜNE DER RENNBAHN (Original-Aufnahme von F. Astholz, Hannover)
und SZENEN VOM CONCOURS HIPPIQUE (Original-Aufnahmen von H. Gläscher, Hannover).

Original-Aufnahme von H. Gläscher, Hannover.

KAISER WILHELM II. AUF DEM RENNPLATZ.

Alle Wege, die zu dem neuen prächtigen Rennplatz führen, welcher unter opferwilligster Beteiligung der Stadtverwaltung auf der großen Bult am Waldrand der Eilenriede angelegt wurde, füllen sich mit Gefährten aller Art, Reitern, Reiterinnen und Fußgängern. Ein unabsehbarer Menschenstrom drängt nach der Stätte des großen sportlichen Ereignisses. Die Rennen werden von dem Verein zur Förderung der hannoverschen Pferdezucht veranstaltet.

Dem Frühlings-Meeting folgt noch ein Sommer- und ein Herbst-Meeting sowie zwei Rennen zu Anfang und in der zweiten Hälfte des Oktober.

Alle Rennen finden mit Totalisatorbetrieb statt. Die ausgesetzten Preise betragen außer den Ehrenpreisen 180 000 Mark.

Nicht minder mächtig ziehen die Concours hippiques, die der hannoversche Polo-Klub auf dem Sportplatz am Pferdeturm veranstaltet, die Sportwelt an. In den Fahr-, Reit- und Springkonkurrenzen sowie in den spannenden Polospielen finden schneidige Amazonen und Herrenreiter Gelegenheit, Kraft und Gewandtheit in höchster Vollendung zu zeigen.

Original-Aufnahme von B. Berger, Hannover.

KLETTERÜBUNGEN.

Der Reitverein Hannover 1903 veranstaltet Reitfeste, in welchen kühne Reiter und Reiterinnen ihre Geschicklichkeit in anmutigen Reiterspielen erweisen.

Auch der Akademische Reitklub pflegt das Gesellschaftsreiten, Quadrillen und Schnitzeljagden.

AUTOMOBILSPORT

Die meist ebenen Straßen in der Umgebung Hannovers, die sich in vorzüglichem Zustande befinden, kommen dem Automobilsport, der in Hannover eifrig betrieben wird, trefflich zustatten. Kaiser Wilhelm II. bezeichnete die breiten, vorzüglich gepflegten und wenig verkehrsreichen Straßen der nahen Heidegegenden für diesen Sport als ganz besonders geeignet und unternimmt mit Vorliebe Automobilfahrten durch die an intimen Schönheiten so reichen Heidelandschaften.

Original-Aufnahme von W. Lüder, Hannover.

PRINZ-HEINRICH-RENNEN (Start am Töniesberge bei Hannover am 15. Juni 1908).

DER RUDERSPORT

Der Rudersport wird seit etwa drei Jahrzehnten in Hannover gleichfalls eifrig betrieben und steht in hoher Blüte. Fünf tüchtige Vereine, der Hannoversche Ruderklub von 1880, der 1884 gegründete Ruderverein „Deutschland", der Ruderverein „Triton" (1885), der Akademische Ruderverein (1898) und die Rudergesellschaft Hannover-Linden (1899) erfreuen sich besten Rufs und haben bei auswärtigen Regatten oft glänzende Siege erfochten. Als erster trat der Ruderverein „Deutschland" bei auswärtigen Regatten auf den Plan. Er errang eine große Zahl gegen erstklassige Konkurrenten erfochtene Siege. So gelang es auch seiner vortrefflichen Vierermannschaft bei der Ruderregatta in Bremen am 20. Juni 1909 den Kaiserpreis davonzutragen. Am 9.—11. Oktober 1909 feierte der Verein in glänzender Weise das Fest seines 25jährigen Bestehens. Sein mit vorzüglichem Material gefülltes Bootshaus ist idyllisch am Parke von Bella Vista gelegen.

Der Hannoversche Ruderklub von 1880, der technisch und taktisch über eine hochentwickelte Mannschaft verfügt und im Laufe der Jahre etwa 80 Preise, darunter mehrmals den Kaiserpreis, errang, trug auch im Jahre 1908 fünf Siege davon. Die Senioren gewannen in Hameln den Kaiserpreis und den großen Achter und in Bremen gleichfalls den Achter gegen scharfe Konkurrenz. Hervorragend waren die Junioren im Achter. In dem Hamburger Rennen schlugen sie beide Male sämtliche deutsche Mannschaften. Der Klub konnte somit für sich die Ehre in Anspruch nehmen, in diesem Jahr den besten Junior-Achter gestellt und den ersten Achterpreis von unserm vornehmsten Regattaplatz nach Hannover gebracht zu haben. Im Jahre 1909 ging er siegreich aus den Regatten von Berlin, Bremen und Hamburg im Achter hervor, während er im Vierer vier Preise davontrug.

Original-Aufnahme von Karl F. Wunder, Hannover.

BOOTSHAUS DES RUDERVEREINS „DEUTSCHLAND“.

Original-Aufnahme von W. Lüder, Hannover.

ACHTERMANNSCHAFT DES HANNOVERSCHEN RUDERKLUBS (Sieger in Hamburg 1908).

KAISER WILHELM II. ÜBERREICHT DEM AKADEMISCHEN RUDER- UND BALLSPIELVEREIN HANNOVER BEI DER REGATTA IN GRÜNAU (1903) DEN KAISERPREIS.

Dem Akademischen Ruder- und Ballspielverein gelang es neben manch anderm glänzenden Siege viermal, und zwar in den Jahren 1903, 1904, 1908 und 1909 bei den Regatten in Grünau den Kaiserpreis für akademische Rudervereine zu erringen.

Die Vereine verfügen insgesamt über zirka 70 bis 80 Sportboote aller Gattungen.

Wenn erst die Anlagen des Maschparks die geplante Erweiterung, welche große Wasserflächen vorsieht, erfahren haben und die sich daran knüpfenden weitergehenden Wünsche erfüllen werden, dann wird Hannover in die Reihe erstklassiger Regattenplätze eintreten, und auch der Segelsport, der jetzt das Steinhuder Meer aufsuchen muß, in dem Weichbild der Stadt Hannover ausgiebige Gelegenheit zu eifriger Betätigung finden.

Zur Förderung des Rudersports hat die Stadt kürzlich einen Herausforderungspreis gestiftet, der im Achter alljährlich ausgefahren werden wird.

Original-Aufnahme von F. L. Wellhausen, Hannover.

AUF DEM STEINHUDER MEER.

Original-Aufnahme von W. Lüder, Hannover.

BEREIT ZUM WETTSCHWIMMEN (vom Beguinenturm aus).

SCHWIMMSPORT

Ist der Schwimmsport in Hannover auch jüngern Datums — der erste hannoversche Schwimmklub wurde 1892, der zweite Schwimmverein „Neptun“ 1895, die Damenabteilung des Schwimmklubs 1896, der Schwimmklub „Delphin“ und „Hannover“ einige Jahre später begründet —, so hat er sich doch, dank der tatkräftigen Unterstützung der Stadtverwaltung, schnell zu hoher Blüte entwickelt.

Die Meisterschaft von Hannover wurde in den Jahren 1898 bis 1906 vom Hannoverschen Schwimmklub von 1892 im Schwimmen und Springen siebenmal, vom Schwimmklub „Hannover“ im Schwimmen zweimal, im Springen einmal und vom Schwimmklub „Neptun“ im Springen einmal errungen. Seit dem Jahre 1906 besitzt der Hannoversche Schwimmklub von 1892 einen bei Wülfel gelegenen Teich, welcher auch für Schwimmfeste eine vorzügliche Fläche bietet. Dort spielte sich auch in den Tagen vom 10. bis 12. August 1907 das 21. deutsche Verbandsschwimmfest ab, zu dem sich die ausgezeichnetsten Schwimmer und Schwimmerinnen aus dem Deutschen Reiche eingestellt hatten. Mehr als 3000 Besucher waren erschienen und folgten den interessanten, scharfen Wettkämpfen mit höchster Spannung. Die Meisterschaft von Deutschland, 100 Meter, errang Gubener-Hannover vom ersten Hannoverschen Schwimmklub 1892.

Die drei mächtigen Schwimmhallen der städtischen Badeanstalt, die an zweckmäßiger Einrichtung, neuzeitlichem Komfort und Flächenraum der Bassins von keiner derartigen öffentlichen Einrichtung Deutschlands übertroffen werden, geben Gelegenheit, den Schwimmsport auch im Winter eifrig zu pflegen.

Original-Aufnahme von W. Wehrmann, Hannover.

SCHWIMMUNTERRICHT DER VOLKSSCHÜLER IN DER LEINE DURCH MITGLIEDER DES TURN-KLUBBS.

Seit dem Jahre 1902 hat sich der Schwimmklub 1892 in Verbindung mit dem Turn-Klubb, Abteilung für Leibesübungen in freier Luft (vergleiche S. 113), an dem kostenlosen Erteilen von Schwimmunterricht für Schüler der Bürgerschulen beteiligt.

FISCHEREISPORT

Die Fischerei und der Angelsport wird von dem Sportangelverein Hannover, der sich im Besitz von acht guten Fischereien befindet und Jahr für Jahr für das Aussetzen junger Brut Sorge trägt, eifrig betrieben.

FUSSBALLSPORT

Der Fußballsport steht in Hannover in ganz besondrer Blüte und zieht, wie die große Anzahl der aufschießenden Vereine beweist, immer neue Teile der Bevölkerung in seinen Bann.

Begründet und in jeder Weise glänzend vertreten wurde der Fußballsport von dem Deutschen Fußballverein von 1878, der in den dreißig Jahren seines Bestehens in rastlosem Streben an der Entwicklung des für den Körper so außerordentlich gesunden Sports sein Bestes einsetzte.

Auf seinen Spielplätzen — in der Masch, der Radfahrerrennbahn und seit 1901 am Schnellengraben — hat die erste Mannschaft dieses Vereins, die lange Jahre hindurch körperlich und spieltechnisch als eine der besten und schönsten anzusehen war, die jemals ein deutscher Rugbyklub auf den grünen Rasen sandte, fast immer siegreich Wettspiele gegen englische, Frankfurter, Heidelberger, Bremer und hiesige Mannschaften ausgeführt, die sich durch hervorragende Technik und hohe ästhetische Kraftentfaltung seines Spielmaterials auszeichneten.

Dem Verbande Nordwestdeutscher Rugbyvereine gehören 24 organisierte Vereine aus Hannover und Linden an, von denen in erster Linie noch neben dem Deutschen Fußballverein der Fußsportverein von 1897, der Sportverein Elite und der Sportverein Merkur zu nennen sind.

Das Assoziations-Fußballspiel hat erst im Jahre 1898 Eingang in Hannover gefunden. Der Hannoversche Fußballklub von 1896 steht hier mit dem Fußballklub Eintracht und dem Ballspielverein Hannovera an der Spitze. Der Fußballklub Eintracht, 1898 begründet, zählt zurzeit ca. 200 Mitglieder, besitzt einen eignen schön am Walde gelegenen Sportplatz auf der großen Bult und pflegt neben dem Assoziations-Fußballspiel vornehmlich auch die Leichtathletik. In der Spielsaison 1908/09 trug er 70 Siege und 130 Preise davon.

FUSSBALL.

Original-Aufnahme von L. Boedecker, Hannover.

LEICHTATHLETIK (WETTRENNEN).

Original-Aufnahme von W. Lüder, Hannover.

1. RADFAHRER IN DER EILENRIEDE (Original-Aufnahme von Karl F. Wunder, Hannover);
2. und 3. TENNISSPIEL, 4. KLUBHAUS DES TENNISVEREINS (Original-Aufnahmen von W. Lüder, Hannover).

Dank der Erfolge, welche der Verein auf diesem Gebiete in den großen nationalen und internationalen Wettkämpfen nicht nur in Deutschland, sondern auch im Auslande errang, nimmt er eine führende Stellung unter den ersten Vereinen Deutschlands ein.

In den spannenden Kämpfen um die Meisterschaft von Deutschland haben die hannoverschen Vereine stets ehrenvoll abgeschnitten.

RADFAHRSPORT

Der Radfahrsport hat von Anfang an in Hannover geblüht; ganz besonders in der Zeit, wo der Radsport noch vorwiegend als Sport betrieben wurde, nahm Hannover vor Berlin, Frankfurt und Hamburg bei weitem die erste Stelle ein.

Unter hannoverscher Flagge haben bei den bedeutendsten Rennen erstklassige Fahrer Hunderte von ersten Preisen und Meisterschaften gewonnen.

Hannover war stets ein gern aufgesuchter Rennplatz und wird es auch in Zukunft sein, da die neue 500 m Zement-Radrennbahn vor dem Pferdeturm allen modernen Anforderungen in hohem Maße entspricht. Diese Rennbahn wurde von dem Verein „Sportplatz Hannover" errichtet, der den idealen Zweck verfolgt, Sport in Form aller Art von Leibesübungen in freier Luft zu fördern und zu pflegen. Er legte auch vortrefflich geeignete Plätze an für Tennis, Fußball, Laufsport, Radpolo, Golf, Hockey, Kricket usw.

Wenn Hannover in Sportkreisen allgemein als das „Dorado der Radfahrer" bezeichnet wird, so ist das voll berechtigt, denn der mit vorzüglichen Radfahrwegen durchzogene wundervolle Wald „die Eilenriede" braucht einen Vergleich mit dem Bois de Boulogne in Paris oder dem Berliner Tiergarten wahrlich nicht zu scheuen.

Dazu kommt, daß die Chausseen in der Umgebung Hannovers eben und von sehr guter Beschaffenheit sind.

TENNISSPORT

Die Eilenriede ist für die Freunde des Tennissports, der sich in Hannover bester Entwicklung erfreut, ein Lieblingsaufenthalt, da in dem Schatten dieses herrlichen Stadtwaldes, zumeist nahe bei traulichen Waldschänken, schöne Tennisplätze angelegt sind, zu denen die Stadtverwaltung in hochherziger Weise das Terrain kostenlos hergab. Seit einigen Jahren hat der „Deutsche Tennisverein" in der Nähe des Pferdeturms sein eignes Heim aufgeschlagen. Acht vorzügliche Tennisplätze bieten den 300 Mitgliedern, Damen und Herren, Gelegenheit, das Tennisspiel sportlich auszuüben. Der Verein besitzt unter seinen Mitgliedern sehr gewandte Spielerinnen und Spieler, die in den alljährlich abgehaltenen internationalen und lokalen Turnieren ihre Tüchtigkeit schon oft bewiesen haben.

LUFTSCHIFFAHRT

Das Luftmeer hat der im Sommer 1909 begründete Verein für Luftschiffahrt, der trotz seines kurzen Bestehens bereits 250 Mitglieder zählt, sich erobert. Mit seinem vortrefflichen Ballon „Hannover" (1660 cbm Inhalt) hat er im Jahre 1909 bereits 28 Fahrten unternommen, die meistens sportlichen Zwecken dienten, zum Teil indessen auch ernstere wissenschaftliche Aufgaben verfolgten. Die längste Fahrt erstreckte sich über 550 km, während eine größte Höhe von 3700 m erreicht wurde. Ein zweiter etwas kleinerer Ballon (920 cbm Inhalt) sieht seiner Taufe entgegen. Galt auch zunächst die Pflege dem Freiballonsport, so beabsichtigt der Verein doch, in Zukunft an dem Bau von Luftschiffen und Flugzeugen, die Verkehrszwecken dienen sollen, regen Anteil zu nehmen. Gegenwärtig plant er die Schaffung eines Flug- und Luftschiff-

Original-Aufnahme von F. Astholz, Hannover.

AUFSTIEG DES LUFTBALLONS „HANNOVER" VOM SCHÜTZENPLATZ AUS.

Landeplatzes, auf dem eine Luftschiffhalle erbaut werden soll. Hannover, in der Ebene gelegen, mit regelmäßigen, meist günstigen Windverhältnissen, bietet schon seiner geographischen Lage nach einen überaus günstigen Stützpunkt für Weitfahrten; zudem besitzt die Stadt eine Industrie zur Herstellung von Ballonstoffen und Luftschiffmotoren von Weltruf. So steht zu erhoffen, daß Hannover in Zukunft sich zu einem Mittelpunkt für die Bestrebungen zur Förderung der Luftschiffahrt emporschwingen wird.

TOURISTENSPORT

Dem Touristen bietet die an Abwechslung so reiche Umgebung Hannovers, die in dem folgenden Abschnitte ausführlich behandelt wird, eine Fülle lohnender Wanderziele. An guten Karten und Führermaterial für Wanderfrohe fehlt es nicht. Besonders empfehlenswert sind in dieser Richtung: Puritz, Hannoverscher Tourist, Wanderkarte des Hannoverschen Touristenvereins; Lehmann, Tourenbuch durch den Deister; Gabein, Wanderbuch durch die Lüneburger Heide, Verkehrsplan für die Oberweser, Hildesheimer Tourist u. a. m.

Der Hannoversche Touristenverein, welcher an allen Sonn- und Festtagen Ausflüge veranstaltet, heißt auf diesen Gäste stets herzlich willkommen.

Original-Aufnahme von Willi Jäger, Hannover.

WEGEBEZEICHNUNG DURCH DEN TOURISTENVEREIN.

Original-Aufnahme von Dr. Dauner, Konstanz.

WANDKLETTEREI AM HOHENSTEIN.

Original-Aufnahme von Dr. Dauner, Konstanz.

CLEMENT-KAMIN AM HOHENSTEIN.

ALPINER SPORT

Für den alpinen Sport bieten die in der Nähe von Hannover gelegenen Dolomiten des Hohenstein und des Ith vorzügliche Gelegenheit.

Die gewaltige 30 m hohe Wand des Hohenstein steigt senkrecht empor und ist durchfurcht von tiefen Schluchten, engen Kaminen und schmalen Rinnen, wie sie der gewandte Kletterer sonst nur auf den allerschwierigsten Dolomitentouren des Hochgebirges findet. Nicht minder locken die grotesken Felsgebilde und senkrecht ragenden Türme der Dolomiten des Ith bei Lauenstein und Dillmissen den erprobten Alpinisten in frischem Wagemut zu kühnem Aufstieg.

Ist dann die schwierige Aufgabe gelöst, der Felsenriese bezwungen, schmettert ein jauchzender Juchschrei zu Tale, wo das silberne Band der Weser im Sonnenlicht erglänzt.

GRASBAND AM HOHENSTEIN.

Original-Aufnahmen von Dr. Dauner, Konstanz.

TÜRMCHEN.

EIS- UND SCHNEESPORT

Wenn die Blätter fallen und der gestrenge Winter mit Schnee und Eis seinen Einzug hält, dann strömt blitzenden Auges und mit roten Wangen jung und alt zu den herrlichen spiegelglatten Eisflächen der Teiche im Georgengarten und im Maschpark oder zu der gewaltigen unabsehbaren Eisbahn der überfluteten Masch, die nach Eintritt der Dunkelheit durch eine große Zahl elektrischer Bogenlampen erhellt wird.

Für Kunstfahrer stellt der Eislaufverein Hannover im Bella-Vistapark eine 4000 qm große „gegossene Eisbahn" her, die ebenfalls elektrisch beleuchtet ist.

Konzerte finden auf dieser wie auch auf der großen Bahn statt. Letztere wird täglich von Tausenden besucht. Schmilzt in der Frühlingssonne das Eis, dann tritt an die Stelle des Schlittschuhlaufs der

ROLLSCHUHSPORT

der auf den asphaltierten Straßen und Plätzen der Stadt, vornehmlich aber auf der spiegelglatten Fläche des Roller-Rinks im weiten Saalbau ein besonders geeignetes Feld zu froher Betätigung findet.

SKISPORT

Dem Skisport, der im Skiklub Hannover seine Hauptvertretung findet, bieten Deister und Harz vorzüglichste Gelegenheit zur Ausübung. Den Höhepunkt dieses Sportes bilden die großen internationalen Winterfeste in Clausthal, Schierke und St. Andreasberg.

Original-Aufnahme von Karl F. Wunder, Hannover.

EISBAHN AUF DER MASCH.

Original-Aufnahme von Karl F. Wunder, Hannover.

EISBAHN IM GEORGENGARTEN.

Original-Aufnahmen von Dr. Dauner, Konstanz.

SKILAUF IM HARZ AM BROCKEN.

Original-Aufnahme von Karl F. Wunder, Hannover.

SPIELPLATZ IM TIERGARTEN.

KEGELSPORT

Zum Schluß sei noch der Kegelsport erwähnt, der in Hunderten von Vereinen Tausenden regelmäßige gesunde Körperübung gewährt.

SPIEL

Dem Spielen in freier Luft dienen eine große Zahl öffentlicher Spielplätze, welche in allen Teilen der Stadt angelegt sind. Wie bereits erwähnt (vergleiche Seite 110), hält die Abteilung des Turn-Klubbs für „Leibesübung in freier Luft" von Ostern bis Ende Oktober an allen Sonn- und Feiertagen auf den städtischen Spielplätzen öffentliche Volks- und Jugendspiele ab. Jedermann kann unentgeltlich an allen Bewegungsspielen teilnehmen und erhält Spielgeräte kostenlos geliehen.

Die Stadtverwaltung Hannovers läßt in dankenswerter Weise und in richtiger Erkenntnis der hohen sozialen Bedeutung, welche zweckmäßige Leibesübungen für unser Volk haben, Turnen, Sport und Spiel jede nur mögliche Förderung zuteil werden, eingedenk des wahren und sehr beherzigenswerten Wortes:

Mens sana in corpore sano.

X. DIE UMGEBUNG DER STADT HANNOVER

Wenn Leid, der Seele Tiefen
Durchschütternd, dich bewegt,
Enttäuschung ihre Lasten
Schwer auf die Brust dir legt,
In hartem Lebenskampfe
Dir Mut und Hoffnung sinkt,
Bedrückt vom Alltagsstaube
Der Geist nach Freiheit ringt,

Dann greif zum Wanderstabe,
Die Welt ist schön und weit!
Tief in des Stromes Wellen
Versenke Schmerz und Leid.

Horch auf der Wälder Rauschen!
Hallt's nicht wie Orgelklang
Im frohen Herz dir wider,
Das erst noch zag und bang?

Steig auf zu lichten Höhen
Im linden Sonnenschein,
Dort bade deine Seele
Von allem Kleinmut rein.

Bieten schon herrliche Parkanlagen und der prächtige Hochwald, welche Hannover in engem Rahmen umschließen, dem Naturfreunde eine Fülle abwechslungsvoller, genußreicher Spaziergänge in nächster Nähe der Stadt, so birgt auch der weitere Umkreis Hannovers, dank der günstigen Lage der Stadt zwischen Bergland und Tiefebene mit ihren starken Kontrasten, einen solchen Reichtum verschiedenartigster Landschaftsbilder voller Reiz und Eigenart, wie sie der Umgebung nur weniger deutscher Großstädte eigen sein dürften.

Fehlen hier auch die wuchtigen, gewaltigen Linien einer großartigen Alpenwelt, so bieten dafür die Lieblichkeit und die zu Herzen sprechende Anmut des Antlitzes, das die Umgebung Hannovers trägt, vollwertigen Ersatz.

Dem Wanderfrohen erschließt sie eine un-

Original-Aufnahme von Karl F. Wunder, Hannover.

GASTHAUS NIEDERSACHSEN AUF DEM GEHRDENER BERGE.

Original-Aufnahme von Ernst Söhlmann, Hannover.

ANNATURM BEI KÖLLNISCH FELD
(405 m, höchster Punkt des Deisters).

erschöpfliche Quelle reinsten Naturgenusses, mag er durch weite Wiesengelände und üppige Fruchtgefilde, durch freundliche Dörfer mit stattlichen niedersächsischen Bauernhöfen, die von der Wohlhabenheit der Landbevölkerung zeugen, streifen, mag er in tiefem Waldesschatten uralter Buchen und Eichen emporklimmen zu lichten, aussichtsreichen Höhen, durch romantisches Felsgeklüft sich durchwinden, den schnellen Fluten der Weser folgen oder den Blick schweifen lassen über die weite Heide, die im frischen Grün des Frühlings, im reichen Blütengewande des Sommers, im goldig leuchtenden Braun zur Herbstzeit und im glitzernden, weißschimmernden Kleide des Winters auf ihren unabsehbaren Strecken bei dem steten Wechsel von Licht und Schatten immer neue charakteristische Stimmungsbilder aufweist.

Original-Aufnahme von Ernst Söhlmann, Hannover.

NORDMANNSTURM
BEI BARSINGHAUSEN.

Wer eine längere Fußwanderung scheut, um Berg und Heide zu erreichen, den führen die Züge der elektrischen Bahn und der Eisenbahnen, die nach allen Richtungen in schneller Folge den Verkehr vermitteln, in kürzester Zeit an sein Ziel.

DEISTER, OSTERWALD, ITH, HILS UND SUNTEL

Die Bergzüge im Süden treten mit ihrem letzten Ausläufer, dem Lindener Berg, welcher das festungsartige, von einem Aussichtsturm überragte Wasserwerk Hannovers trägt, dicht an die Mauern der Stadt heran.

Diesem reihen sich der Benther und der Gehrdener Berg, beliebte Ausflugsorte, an und leiten zu dem langgestreckten, bis zu 1200 Fuß ansteigenden, herrlichen Waldgebirge des Deisters über.

Gut gepflegte und vortrefflich markierte Pfade führen im Schatten mächtiger Buchen, Eichen und Rottannen durch stille, malerische Täler und an rauschenden Bächen entlang zu Aussichtstürmen mit weiten, prächtigen Fernsichten.

Original-Aufnahme von Willi Jaeger, Hannover.

ALTE TAUFE AUF DEM KAMME DES DEISTERS
der Sage nach ein heidnischer Opferstein, der nach Einführung des Christentums als Taufstein diente.

Hie und da zeigt sich eine mächtige Schutthalde, ein Zeuge des Kohlenbergbaues, der hier lebhaft betrieben wird. An der Berge Lehnen schmiegen sich

Original-Aufnahme von Hofphotograph T. Theis, Berlin.

KAISERJAGD IN SPRINGE, SAUPARK, BESICHTIGUNG DER STRECKE.

freundliche Ortschaften, die, wie Barsinghausen, Egestorf u. a. m., als Sommerfrischen besonders beliebt sind. Am nordwestlichen Abhange des Deisters, inmitten herrlicher Anlagen liegt das viel besuchte berühmte Bad Nenndorf mit der stärksten Schwefelquelle Europas.

Landschaftlich fast noch reicher an Schönheit ist der im Osten durch die Deisterpforte vom eigentlichen Deister geschiedene Kleine Deister oder Osterwald.

Am Waldessaum erhebt sich beim Springer Saupark das weißschimmernde Jagdschloß des Kaisers, der hier mit Vorliebe im Spätherbst dem edlen Waidwerk huldigt.

Dann hallen die Berge wider von der Jagdhörner fröhlichem Fürstengruß, mit dem die Jägerei ihren hohen Jagdherrn begrüßt. Darauf begibt sich dieser mit seinen Gästen zu den kunstvoll für sie hergerichteten Ständen. Die Jagd wird angeblasen. Bald kracht Schuß auf Schuß. Der Kaiser nimmt nur die schönsten, stärksten Stücke aufs Korn und bringt sie mit unfehlbarer Sicherheit zur Strecke. Laut schallen die Signale der Jägerei, das Gekläff der Meute und die Rufe der Treiber durch den Wald.

Nach einer knappen Stunde wird das Jagen abgeblasen. Dann greift der Kaiser gewöhnlich zur Saufeder, um einem noch nicht verendeten Schwarzwild den Fang zu geben, denn ihn reizt die damit verbundene Gefahr. Mehr noch als eingestellte Jagden liebt der hohe Herr freie Pürschgänge.

Der Wildstand im Saupark ist natürlich ein vorzüglicher. Wer zum felsenreichen Hallermundskopf hinaufsteigt, um über den Drakenberg zu der idyllisch an einem Stauteich gelegenen Holzmühle zu gelangen, kann sicher sein, Schwarzwild, Rudeln von Rehen und stattlichen Hirschen zu begegnen.

Von der hoch über der Holzmühle gelegenen Königskanzel eröffnet sich ein Blick auf einen von Waldbergen umschlossenen Talkessel, der an malerischer Schönheit den berühmtesten Punkten des Thüringer Waldes nicht nachsteht.

KAISER WILHELM II. AUF DEM ANSTANDE.

Original-Aufnahmen vom Hofphotographen A. P. Theis, Berlin.

ABFANGEN DES KEILERS.

Original-Aufnahme von Karl F. Wunder, Hannover.

MARIENBURG.

Original-Aufnahme von F. Reinecke, Hannover.

MARIENBURG.

Den östlichsten Ausläufer dieses Höhenzuges, den Schulenburger Berg bei Nordstemmen bekrönt die Marienburg, ein herrliches Schloß, welches König Georg V. von Hannover durch den berühmten Gotiker Professor Hase für seine Gemahlin erbauen ließ.

Dort weilte die Königin Marie, nachdem ihr Gemahl Hannover verlassen hatte, bis sie ihm im Juli 1867 nach Hitzing folgte.

Nun liegt die stolze Burg öde und verlassen, niemandem zugänglich, schlummernd und träumend von vergangener Zeit in märchenhafter Schöne da. Wann wird sie zu neuem, frohem Leben erwachen?!

Südlich vom Osterwald erheben sich die langgestreckten Bergrücken des Kahnstein, des Ith und des Hils.

Orig.-Aufn. von W. Wehrhahn, Hannover.

HÄNGENDER STEIN BEI DER LIPPOLDSHÖHLE.

Der letztere birgt die romantische Lippoldshöhle mit ihren grotesken Felsgebilden, an welche sich die Sage von dem Raubritter Lippold knüpft, der hier mit der von ihm entführten Tochter des Bürgermeisters von Alfeld hauste, bis sein schuldig Haupt unter dem Beil des Henkers auf dem Marktplatz von Alfeld fiel. In der Nähe der Lippoldshöhle liegt in anmutigem Tale der freundliche Luftkurort Grünenplan.

Der 22 km lange Kamm des Ith, von herrlichem Hochwald bedeckt, unter dem Farnkraut üppig wuchert, von mächtigen, hochinteressanten Dolomitklippen bekrönt, bietet besonders reiche Gelegenheit zu genußreichen Wanderungen, denen sich in Norddeutschland an romantischem Reiz nur wenige ebenbürtig an die Seite stellen dürften.

In eine seiner Bergschluchten schmiegt sich der überaus idyllisch gelegene, von einer Burgruine überragte liebliche Flecken Lauenstein.

Von der Felsenmauer des Ith schaut der Blick auf ein anmutiges Tal mit freundlichen Dörfern, Abteien und Schlössern, durch das der Weser Silberband sich windet.

DIE WESER.

Überbietet der sagenumwobene Rhein auf der Strecke von Mainz bis Koblenz auch die weit bescheidenere Weser an Mächtigkeit des Stromes, an starkem Verkehr, an schnell wechselnden Bildern von eigenartig romantischem Gepräge, welches die große Zahl der Burgen, der mittelalterlichen Städtchen und historisch interessanten Punkte diesem herrlichen deutschen Strome verleihen, so hat die Weser doch den Vorzug, daß ihre Ufer näher zusammentreten, daß an Stelle der landschaftlich unschönen Weinberge des Rheins hohe, mit Eichen und Buchen bedeckte Berge, die mit üppigen Fruchtgefilden abwechseln, das Auge entzücken. Auch fehlt es den Weserufern, die Hunderte von graziösen Reihern beleben, durchaus nicht an schroffen Felspartien, sagenreichen Stätten, malerischen Burgruinen, Klöstern und Schlössern.

Seit auf der Weser von Hannoversch-Münden bis Hameln elegant ausgestattete Salondampfer täglich mehrere Male regelmäßig verkehren, hat der Besuch dieses hochinteressanten Teiles des Wesergebietes, den man auf angenehmer zehnstündiger Dampferfahrt (135 km) kennen lernen kann, ganz außerordentlich zugenommen.

Original-Aufnahme von W. Wehrhahn, Hannover.

LIPPOLDSHÖHLE.

Original-Aufnahmen von Otto Liebert, Holzminden.

Ithklippen bei Eschershausen.

Original-Aufnahme von W. Wehrhahn, Hannover.

Garnwickelstein.

Original-Aufnahme von Dr. Dauner, Konstanz.

Adam und Eva.

DER ITH.

Original-Aufnahme von K. Wahlmann, Hameln.

ABFAHRT DES DAMPFERS VOM WESERSTEIN IN MÜNDEN.

Freilich steigert sich der Genuß wesentlich, wenn man für die schöne Tour mehr Zeit aufwenden und die Weserfahrt an den interessantesten Punkten unterbrechen kann.

Das herrlich gelegene Städtchen Hannoversch-Münden, der Ausgangspunkt unserer Fahrt, ist zwischen grünen Waldbergen gebettet. Am Weserstein, da wo Werra und Fulda sich zur Weser, dem einzigen großen Strome Deutschlands, der von seinen Quellen bis zur Mündung nur deutsche Lande durchzieht, vereinen, besteigen wir das Deck des Salondampfers, der uns stromab führt.

Dicht an die Ufer treten die anmutigen Bergzüge des Bramwaldes und des Reinhardswaldes mit ihren uralten Eichen und Buchen heran, von freundlichen Ortschaften belebt. Mächtig erhebt sich über den Reinhardswald in schön geschwungenen Linien der Staufenberg, dort grüßt der starke Turm der Bramburg herüber, jetzt folgt das Kloster Bursfelde mit seiner prächtigen romanischen Kirche aus dem 11. Jahrhundert, dann der Marktflecken Lippoldsberg mit einstmals berühmtem Benediktinerkloster.

Hier, wo die Schwülme in die Weser mündet, endet der Bramwald, doch nicht das malerische Bergland, das nun von den gewaltigen Bergmassen des Solling gebildet wird.

Am rechten Ufer begrüßt uns der anmutige Flecken Bodenfelde, mit schöner Kirche. Bald ist Carlshafen, einer der hervorragendsten Glanzpunkte an den schönen Weserufern erreicht.

Malerisch in einem Bergkessel, am Zusammenfluß der Diemel mit der Weser gelegen, von mächtigen, steilen Felsklippen umrahmt, ladet uns das Städtchen zu freundlicher Rast.

Ein Spaziergang zur Juliushöhe ist äußerst lohnend. Die Aussicht auf das liebliche Diemeltal, Carlshafen, die Weser und drüben die Hannoverschen Klippen ist entzückend. An einer Biegung des Promenadenweges fällt unser überraschter Blick auf die schönste der Ruinen im Wesergebiet, auf die Kruckenburg.

Von den steilabfallenden einzelnen Klippen bieten sich immer neue reizvolle Bilder.

Original-Aufnahme vom Hofphotograph A. Platowitsch, Münden.

HANNOVERSCH-MÜNDEN.

Auf der Weiterfahrt steigen rechts die Hannoverschen Klippen schroff auf, links erhebt sich über Herstelle die von Karl dem Großen 797 gegründete Burg gleichen Namens.

Malerische mittelalterliche Städtchen und Flecken gleiten an unserm Auge vorüber, links das reizende Schloß Wehrden. Von dem hohen Wildberge schauen die Reste einer alten Burg herüber; dann ragt zur Rechten das aus dem achten Jahrhundert stammende Schloß Fürstenberg (jetzt Porzellan-Manufaktur) auf schroffen Felsen empor.

Original-Aufnahme von Herm. Fischer, Carlshafen.

KRUCKENBURG BEI CARLSHAFEN.

HERSTELLE BEI CARLSHAFEN.

Unser Schiff gleitet unter hochgeschwungenem Bogen einer Eisenbahnbrücke hinweg. Eine herrliche Aussicht auf das Wesertal tut sich vor uns auf, im Vordergrund erhebt sich der Ziegenberg, rechts reicht der Blick bis zum Vogler, links bis zum Kötherberg, der mächtigsten Erhebung im Weserbergland. Links breitet sich vor uns die alte Hansastadt Höxter, dann folgt, mit dieser durch eine Allee mächtiger, alter Kastanien verbunden, die berühmte ehemalige Benediktiner-Abtei Corvey, auf deren kleinem Friedhof im Schatten der alten Klosterkirche Hoffmann von Fallersleben, der Dichter des deutschen Nationalliedes, ruht.

In weitem Bogen vorüberrauschend an der altersgrauen Tohnenburg, führen uns die Wogen der Weser nach Holzminden.

Diese freundliche Stadt eignet sich besonders als Ausgangspunkt für Touren in das etwa 500 m hoch gelegene Gebiet des Solling.

Original-Aufnahme von Wahlmann, Hameln.

SCHLOSS FÜRSTENBERG.

Original-Aufnahme der Graphischen Gesellschaft, Berlin. Verlag von Ernst Ummen, Höxter.

HÖXTER VOM FELSENKELLER AUS.

Wer Wanderungen durch friedvollste Waldeinsamkeit unter uralten Eichen, Buchen und dunklen Fichten, über liebliche, weltabgelegene, von kristallklarem Bach durchrieselte Matten liebt, der findet hier ein Dorado, das ihn mit immer neuem Zauber die Seele mächtig bewegen wird.

Weiter durchfurcht unser Dampfschiff des Stromes Flut.

Dort zur Linken lugt aus waldbedecktem Hügel die malerische Burgruine Polle, dann folgt einer der romantischsten Punkte des Wesergebietes, die Steinmühle, hart an steile Felsen gelehnt; kurz darauf das freundlich am Fuße des Vogler gelegene Dorf Rühle, weiter links Bodenwerder, die Heimat Münchhausens, mit der gegenüberliegenden Königszinne, einem viel besuchten Aussichtspunkte.

Jetzt fesselt den Blick das alte Schloß Hehlen mit seinen eigenartigen Türmen, umgeben von großem Parke.

Vorüber an Emmerthal und dem sehenswerten Parke des Ohrberges führt uns die Fahrt.

Drüben grüßt schon der Hameln überragende Klüt mit seinem Aussichtsturm, und nun läuft unser Schiff in den dicht an der mächtigen Weserbrücke und den großartigen Gebäuden der Wesermühlen-Aktiengesellschaft gelegenen Hafen von Hameln ein.

Wer diese Weserfahrt je gemacht hat, wird sie nimmer vergessen; auch die erstklassige Verpflegung, welche die Dampfer bieten, wird dazu beitragen, ihm die Erinnerung zu einer angenehmen zu machen.

KLOSTER CORVEY.

Original-Aufnahme von O. Schulz, Holzminden.

HOLZMINDEN.

Original-Aufnahme von W. Wehrhahn, Hannover.

RUINE POLLE.

Die Umgebung Hamelns ist überaus freundlich.

Unser Weg zum Bahnhof führt uns vorbei an dem Dom, den interessanten altertümlichen Renaissance-Bauten des Hochzeitshauses und des Rattenfängerhauses. Nach kurzer Eisenbahnfahrt ist Hannover wieder erreicht.

An Sonn- und Festtagen verkehren auch Vergnügungsdampfer auf der Weser zwischen Hameln und der Porta Westfalica. Da führt uns die Fahrt vorüber an den Waldbergen des Süntel, den schroff abfallenden Hängen des Hohenstein, dem freundlichen Städtchen Hessisch-Oldendorf, der Schaumburg, der Paschenburg, den Luhdener Klippen; vorüber an den malerischen Städtchen Rinteln und Vlotho bis hin zu der imposanten Porta Westfalica, wo der Strom die Felsen durchbricht, die das weit in die Lande schauende Kaiser-Wilhelm-Denkmal und den Bismarckturm tragen.

Original-Aufnahme von Wahlmann, Hameln.

STEINMÜHLE.

Glanzpunkte an dieser Strecke sind die Luhdener Klippen und der Hohenstein.

Von Hannover ist nach kurzer Eisenbahnfahrt die freundliche Residenzstadt Bückeburg erreicht. Über die Erhebung des Harrl führt uns der Weg in tiefem Waldesschatten zu dem anmutig gelegenen Bade Eilsen und von da zu der von herrlichem Park umgebenen malerischen Arensburg.

Original-Aufnahme von Wahlmann, Hameln.

EINFAHRT IN DEN HAFEN VON HAMELN.

Original-Aufnahme von Dr. Dauner, Konstanz.

HOHENSTEIN.

Original-Aufnahme von Wahlmann, Hameln.

AUF DECK DES WESERDAMPFERS „KRONPRINZ".

Original-Aufnahme von F. Astholz, Hannover.

SCHAUMBURG.

Original-Aufnahme von F. Reinecke, Hannover.

ARENSBURG.

Verlag von J. Zoerl, Minden.

KAISER WILHELM-DENKMAL
AUF DER PORTA WESTFALICA.

Original-Aufnahme von G. Hallenstein, Hannover.

MOOR-LANDSCHAFT.

Ein Viertelstündchen noch und das liebliche Steinbergen ist erreicht. Von hier besteigen wir die einen prächtigen Rundblick gewährenden Luhdener Klippen. Aussichtsreiche Wege führen von da nach Bückeburg oder zur Porta zurück, falls wir nicht vorziehen, von Station Steinbergen direkt nach Hannover heimzukehren, oder von da aus noch die Paschenburg und die Schaumburg zu besuchen, um von der Station Deckbergen über Hameln nach Hannover den Rückweg zu nehmen.

Der Hohenstein mit seinen wilden Schluchten, Kaminen und Dolomitfelsen ist die großartigste Felsgruppe der Weserkette. Zu seiner Höhe steigen wir von der Bahnstation Hessisch-Oldendorf auf, oder wir wandern von der Bahnstation Münder durch köstlichen Bergwald über den Gipfel des Süntel, auf dem sich ein hoher Aussichtsturm erhebt, bis zur Teufelskanzel, dem höchsten Punkt des Hohenstein, einer alten heidnischen Opferstätte, von der sich ein wundervoller Blick auf das anmutige Wesertal dem überraschten Auge bietet.

Weitere beliebte Ziele lohnender Tagesausflüge von Hannover aus sind das von schönen Waldbergen umkränzte vielbesuchte Bad Pyrmont, das liebliche Oeynhausen, berühmt durch seine kräftigen Thermalsolquellen, und der Teutoburger Wald mit Detmold, dem Hermannsdenkmal und den interessanten Externsteinen.

DIE HEIDE

Einen starken Kontrast zu dem sonnigen Bergland im Süden und Westen Hannovers bietet im Norden die große Tiefebene mit ihren weiten Heidestrecken und ihren düstern Mooren.

Aber gerade in diesen Gegensätzen, in dieser Mannigfaltigkeit der Landschaftsbilder liegt der Reiz für ein Gemüt, das sich Verständnis für die feinen Stimmungen, mit welchen die Natur zu unserm Herzen spricht, bewahrt hat.

Bis vor wenigen Jahrzehnten galt die Heide in deutschen Gauen gar wenig; sie war das verachtete Aschenbrödel unter ihren stolzen Schwestern, den Landschaftsbildern, die durch sofort in das Auge fallende, imponierende äußere Schönheit blenden.

Jetzt, wo Dichter und Maler voll Begeisterung auf die das Gemüt tief ergreifenden intimen Stimmungen und Reize der Heide in zahllosen

Original-Aufnahme von G. Hallenstein, Hannover.

HEIDE-LANDSCHAFT.

Original-Aufnahme von G. Hallenstein, Hannover.

HEIDSCHNUCKENHERDE VOR DEM GEWITTER.

Poesien und Bildern hingewiesen haben, ist aus dem bescheidenen Aschenbrödel eine Prinzessin geworden, deren holdselige Anmut Jahr für Jahr Tausende und Abertausende von nah und fern in ihren Zauberkreis bannt.

Original-Aufnahme von A. Burghard, Hannover.

HÜNENGRAB.

Original-Aufnahme von G. Hallenstein, Hannover.

FAHRWEG IN DER HEIDE.

Original-Aufnahme von G. Hallenstein, Hannover.

BAUERNHOF IN DER HEIDE.

Original-Aufnahme vom Hofphotograph Alex. Möhlen, Hannover.

DAS INNERE EINES BAUERNHAUSES.

In lieblichem, friedlichem Glanze erstrahlt sie, wenn die Augustsonne auf ihr duftiges Purpurgewand leuchtend herniederschaut, rosiger Schimmer, soweit das Auge reicht, sich über das bewegte Terrain breitet, das, den erstarrten Wellen eines endlosen Meeres gleichend, sich in blauer Ferne verliert.

Bunte Falter gaukeln über den zierlichen Blüten, emsige Bienen trinken geschäftig ihren Duft.

In das Rot der Heide mischt sich das tief dunkle Blau der Kelche des Enzian, hier und da reckt ein Wachholderstrauch seine steifen Glieder.

Würzig duftende, dunkle Föhrenwälder tauchen wie Inseln aus der Blütenflut. An ausgefahrenen Landwegen wiegen weißstämmige Birken ihre zartgrünen Zweige in linder Luft, und über dem allen wölbt sich der klarblaue Himmel, an dem lichte Wölkchen friedlich hinsegeln.

Welch andres Bild, wenn im Spätherbst dunkle Wetterwolken sich ballen, der Sturmwind brausend über die braune Heide fährt und der Föhren Wipfel zaust, daß sie unter seiner Wucht sich splitternd und stöhnend beugen, wenn grelle Blitze zucken, uralte Hünengräber umsprühend, und der Donner rollt, als schwinge Thor seinen furchtbaren Hammer und lasse ihn krachend niedersausen auf die Steinhäuser, die Helden zu wecken, die unter den mächtigen Felsblöcken schlafen, daß mit den Asen die Einheriger ziehen zu hartem Kampfe und stolzem Siege.

Original-Aufnahme von F. L. Wellhausen, Hannover.

BRUNNEN IN DER HEIDE.

Wenn auf der Heide die entfesselten Kräfte der Natur toben, dann ergreift das gewaltige Schauspiel mächtig des Menschen Seele, und bedrückend legt sich die ungeheure, weltabgeschiedene Einsamkeit auf die bangende Brust.

Ja, einsam ist die Heide, und stundenlang kann man wandern, ehe man menschliche Wohnungen antrifft, aber Armut, wie man vielleicht vermuten könnte, ist in den Heidedörfern nirgend zu finden, die kennt der niedersächsische Bauer überhaupt nicht.

Von mächtigen Eichen umgeben, für sich abgeschlossen, isoliert von dem Nachbar, liegt der Bauernhof.

Das Haus mit hohem Strohdach, an dessen First zwei Pferdeköpfe sich kreuzen, kehrt die Giebelwand dem Hof zu. Das breite Tor des Vorderhauses, das den Haupteingang bildet, führt zur geräumigen Diele, an deren Seiten die Viehställe liegen. Die Wohnräume, deren Fenster dem Garten zugewandt sind, schließen sich im Hinterhause an; eine Scheune, ein Altenteilerhaus, ein Wippbrunnen und am Ende des Gartens ein Bienenschauer vervollständigen das malerische Bild.

Dicht vor den Mauern der Stadt beginnt die Vahrenwalder Heide, die vor dem Andrängen des Städters mehr und mehr zurückweichen muß. An diese schließen sich andre weite Heidestrecken.

Um die noch unberührten Schönheiten der Heide, ihren intimen Charakter kennen zu lernen, genügt von Hannover aus eine kurze Eisenbahnfahrt. Besonders beliebt als Ausgangspunkte für Heidewanderungen sind die Stationen Bennemühlen, Bissendorf, Mellendorf, Riethagen — in des letztern Nähe liegen die sieben Steinhäuser (berühmte Hünengräber) —, Fallingbostel und Unterlüß.

DAS STEINHUDER MEER

Auf der Grenze von Heide und Bergland liegt das Steinhuder Meer, ein 8 km langer und 5 km breiter Binnensee, der von Hannover mit der Bahn in einer Stunde zu erreichen ist und deshalb von da auch viel besucht wird.

Wer dem Schwimm-, Segel- und Rudersport huldigt, findet dazu hier die beste Gelegenheit.

Inmitten des Sees liegt der Wilhelmstein, eine 17000 qm große, 1761 bis 1765 von Graf Wilhelm von Schaumburg-Lippe geschaffene künstliche Insel, auf der dieser Feldherr eine kleine Musterfestung erbaute, die später mit einer Artillerieschule verbunden wurde. In dieser erhielt auch Scharnhorst seine erste militärische Ausbildung.

Fürstlich Schaumburg-Lippische Matrosen vermitteln auf ihren Kähnen den Verkehr von Steinhude und Hagenburg aus nach der sehr sehenswerten Insel, auf der sich auch eine vielbesuchte Wirtschaft befindet.

Mit dem Ausfluge nach dem Steinhuder Meer läßt sich leicht der Besuch des freundlichen Bades Rehburg und des hochinteressanten Klosters Loccum verbinden. In dem Refektorium des letztern befinden sich herrliche Gemälde des Düsseldorfer Malers E. von Gebhardt, Szenen aus dem Leben Jesu in der dem Künstler eignen Art darstellend.

Original-Aufnahme von Cramers Kunstanstalt, Dortmund.

DAS STEINHUDER MEER.

Um Hannover schließt sich ein Kranz interessanter Städte mit bedeutsamen historischen Reminiszenzen, hervorragenden Baudenkmälern und anmutiger Umgebung.

Das freundliche, durch die Rattenfängersage weit und breit bekannte Hameln wurde bereits genannt. Besonders erwähnenswert sind ferner Bückeburg mit schöner Umgebung, Celle mit seinem alten Dynastenschloß, Braunschweig, die Stadt Heinrichs des Löwen, mit sehenswerten, mittelalterlichen Bauwerken und Kunstschätzen, die alte berühmte Bischofsstadt Hildesheim, das Nürnberg des Nordens, und das durch seine herrliche Lage, seine altertümlichen Türme, Kirchen und Gebäude, besonders auch durch die aus dem 11. Jahrhundert stammende Kaiserpfalz berühmte Goslar. Diese Stadt, die man in $1^1/_2$ Stunden von Hannover erreicht, bildet das Eingangstor zu dem sagenumwobenen Harz, dem schönsten Mittelgebirge Deutschlands.

DER HARZ

Um ein charakteristisches Bild des Harzes, sei es auch in knapper Form, zu entwerfen und auf seine hervorragendsten Schönheiten hinzuweisen, müßte man allein ein umfangreiches Buch schreiben. Deshalb sollen hier nur die beliebtesten Wanderziele, die von Hannover aus zu lohnenden Tagestouren sich eignen, kurz aufgeführt werden. Es sind dies außer Goslar

Original-Aufnahme von F. Rose, Wernigerode.

DER BROCKEN.

Original-Aufnahme von F. Rose, Wernigerode.

FESTE REGENSTEIN BEI BLANKENBURG AM HARZ.

vornehmlich das romantische Okertal mit dem Romkerhaller Wasserfall, der herrlich gelegene, elegante, viel besuchte Badeort Harzburg mit dem Burgberg und den Rabenklippen, das idyllische Städtchen Blankenburg mit der Teufelsmauer und der ganz in Fels gehauenen Feste Regenstein, dem Schauplatz von Julius Wolffs Raubgraf, und das berühmte, wundervolle Bodetal mit seinem rauschend über mächtiges Gestein stürzenden Wildwasser, seinen gigantischen Felsen, der durch mancherlei Sagen verklärten Roßtrappe und dem Hexentanzplatz.

Eine Wanderung von Thale über die Roßtrappe oder den Hexentanzplatz nach Treseburg und von da durch das Bodetal zurück, bildet eine reiche Fülle des Schönen.

Selbst der Brocken, der durch die Walpurgisnachtszene in Goethes Faust weltbekannte Blocksberg, einer der berühmtesten Aussichtspunkte, läßt sich unter Benutzung der Brockenbahn, die von dem lieblichen Harzstädtchen Wernigerode — das fürstliche Schloß und der mittelalterliche Rathausplatz sind sehr sehenswert — in interessanter Fahrt zum Gipfel führt, von Hannover aus in bequemer Tagestour besuchen.

Original-Aufnahme von F. Rose, Wernigerode.

BODETOR IM BODETAL.

—o—

So breitet die Natur rings um Niedersachsens Metropole in buntem Wechsel ihre reichen Schätze aus. Wer sich ihrer zu erfreuen vermag, dem wird das Herz jung und die Seele weit, als köstliches Gut aber nimmt er eine Fülle schöner Erinnerungen mit von bleibendem Wert für das ganze Leben.

Nie können Wort und Bild ersetzen,
Was holde Kunst, was die Natur
Gewähren uns an reichen Schätzen —
Die wertet eignes Schauen nur.

Drum kommt, das Auge hier zu weiden
An all dem Schönen ringsumher!
Müßt dann ihr von Hannover scheiden,
Wird euch gewiß der Abschied schwer.

Doch bleibt ihr, wird euch nicht gereuen,
Daß ihr gesucht hier Glück und Ruh,
Hannover ruft euch dann in Treuen
Ein herzliches Willkommen zu.

NACHWORT

Als dieser prächtige Bildband im Jahre 1910 erschien, zählte die Stadt Hannover bereits mehr als 300 000 Einwohner, besaß sie über 7000 Straßen und Plätze, dehnte sich ihre Grundfläche über rund 10 000 Hektar aus. Hannover war, nach den Worten des Erzählers *Karl Jakob Hirsch*, eine Stadt, die „sommers und winters ihr angemessenes Kleid trug, der die Reinigung der Straßen und das Wohl ihrer Bürger am Herzen lag . . . Die gottgewollte Ordnung hatte gewiß in Hannover ihren sichersten Platz."

Die Texte stammen aus der Feder des Hofbuchhändlers *Adolf Kiepert*, dessen Geschäft in der Schillerstraße lag. Er starb ein Jahr nach Erscheinen des Werkes. Die repräsentative Bildfolge widmete der Verfasser „verehrungsvoll" Stadtdirektor *Heinrich Tramm*. „König Heinrich", wie die Hannoveraner respektvoll ihr Stadtoberhaupt nannten, war eine dynamische Persönlichkeit voller Tatkraft und Energie, dessen Amtszeit als die „Ära Tramm" in die Kommunalgeschichte eingegangen ist.

Unter Tramm hatte sich nämlich die frühere Residenz der Welfenherrscher, die alte Rivalin Braunschweig überflügelnd, rasch zu einem Verwaltungs-, Verkehrs- und Wirtschaftszentrum in Norddeutschland am Kreuzungspunkt der Eisenbahnlinien und Straßenverbindungen zwischen Köln—Berlin und Hamburg—München entwickelt. Weltfirmen wie Continental, Günther Wagner oder Hermann Bahlsen repräsentierten Unternehmen von weit mehr als nur lokaler Bedeutung, wiewohl der eigentliche Schwerpunkt der Industrie im benachbarten Linden lag, bis 1885 das „größte Dorf Preußens". Kiepert kommentiert diesen Sachverhalt aus seiner Perspektive: „Von den Nachteilen, die eine mächtig sich entwickelnde Industrie mit sich bringt, wird Hannover kaum berührt, da das eigentliche Fabrikzentrum mit großer Arbeiterbevölkerung die Stadt Linden ist, während der weite Kranz von Wiesen, Parks und Wald, der die Stadt Hannover umspannt, stets für gute Luft Sorge trägt und die Anlage gärtnerisch ausgestatteter Villenquartiere außergewöhnlich begünstigt." In diesen „Villenquartieren" wohnten, was niemand ihnen verdenken kann, die Eigentümer der Fabriken und ihre Direktoren. Ihre Steuern flossen in die Kasse Hannovers und gingen Linden verloren, das sich außerstande sah, seine sozialen Probleme mit den verbleibenden Mitteln zu lösen. Um so verständlicher die entschlossene Gegenwehr des Magistrats in Hannover gegen alle Eingemeindungswünsche der Schwesterstadt, die erst 1920 durch die preußische Regierung per Gesetz erfüllt wurden.

Man fühlt sich an das italienische Sprichwort erinnert: „Rom ist das Licht der Welt, aber Mailand bezahlt die Lichtrechnung." Es ließe sich durchaus auf das Verhältnis zwischen der Bürgerstadt Hannover und der Arbeiterstadt Linden abwandeln. Der in seiner Mehrheit eher konservative Magistrat in Hannover hatte natürlich noch einen weiteren Vorbehalt gegen das „rote" Linden. War es nicht genug, daß der Wahlkreis Hannover-Linden seit 1884 im Deutschen Reichstag (dank der Stimmen der Lindener Arbeiterschaft) stets durch einen Sozialdemokraten vertreten war? Sollten sich ähnliche Verhältnisse im Rathaus von Hannover wiederholen? Das hätte kaum die Gegenliebe der Mehrheit gefunden. „Die Gemessenheit der Umgangsformen war peinlich korrekt und beinahe steif", erinnert sich der Theaterkritiker *Herbert Ihering* an Hannover. „Die Klassen schlossen sich gegeneinander ab, und selbst durch die Beamtenschaft zogen sich Grenzlinien, so daß nicht immer klar war, ob ein Gymnasiallehrer in den Kreisen der höheren Richter verkehren konnte."

Etwas von der peinlichen Korrektheit des Hannoveraner Lebensklimas ist auf den sorgfältig reproduzierten Aufnahmen unseres Bandes zu verspüren. Es herrscht gleichsam immer „Kaiserwetter" und dies auch im übertragenen Sinne. Die Straßen wirken überall sauber und aufgeräumt; vom Elend der Massenquartiere anderer Großstädte ist hier nichts zu entdecken; alle Menschen sind ordentlich gekleidet. Die Kameralinse erfaßt, genau und korrekt, selbst den aufgezwirbelten Schnurrbart von König Ernst August auf dem Bild der Reiterstatue des Monarchen vor dem Hauptbahnhof. Durch die geglättete Oberfläche dieser bürgerlichen Welt jedenfalls dringt die Kamera nie bis auf die Kehrseite der prächtigen Medaille vor. Mit anderen Worten: Soziologische Tiefenschärfe bleibt ihr fremd.

Aber war solche gefragt? Wir schreiben das Jahr 1910. Der Weltkriegsausbruch 1914 stand in weiter Ferne. Man lebt in „herrlichen Zeiten", wie sie der Kaiser versprochen hatte. Die Zukunft des Reiches scheint gesichert. Eine Stadt wie Hannover sonnt sich behaglich im Glanze ihres Wohlstandes. Man ist mit Recht stolz auf die vielen vorbildlichen Schulen und den inzwischen erfolgten Ausbau der städtischen Versorgungsbetriebe, auf das blühende Theater- und Musikleben wie auf die vielen herrlichen Grünanlagen, die den Stadtkern als ein breiter Gürtel umschließen. Hier wird gerudert, geschwommen, geturnt, geritten und gewandert. Es muß fürwahr eine Lust gewesen sein, in Hannover zu leben!

Weit über die einstigen Mauern der alten Hansestadt mit ihrem historischen Kern, den verträumten Gassen und Winkeln mit den schönen Fachwerkhäusern und den drei stattlichen Patronatskirchen (Marktkirche, Kreuzkirche, Aegidienkirche) hatte sich die Stadt während des 19. Jahrhunderts ausgedehnt. Da liegt die „gute Stube" Hannovers, der Opernplatz, den *Georg Ludwig Friedrich Laves* auf dem dreieckigen Grundriß einer früheren Festungsbastion angelegt und mit dem architektonischen Kleinod seines Theatergebäudes gekrönt hatte; da dehnt sich weitflächig der Ernst-August-Platz vor dem Hauptbahnhof aus, umstanden von stattlichen Fassaden eleganter Hotels; da geben der Aegidientorplatz oder der Goetheplatz dem Stadtbild reizvolle Schwerpunkte. Von dem Juwel Herrenhausen gar nicht zu reden. „Hannover macht einen vornehmen Eindruck", rühmte der Dichter *Theodor Fontane* in einem Brief an seine Frau, und er fügte hinzu: „„. . . in mancher Hinsicht wie München: groß, weit, leer, forcierte Gothik (die mir nicht recht scheinen will)."

Fontane mag dabei an die Christuskirche *Conrad Wilhelm Hases* gedacht haben, die mit ihrem 73 Meter hohen Turm den Klagesmarkt überragt, oder gar an das „Welfenschloß", in dessen Mauern mittlerweile längst die Technische Hochschule residierte. Im „gotischen" Baustil sollte ursprünglich ja auch das Neue Rathaus errichtet werden, das während der Drucklegung unseres Bandes seiner Fertigstellung entgegenging. Rathäuser nämlich, so empfahl es der historisierende Baugeschmack der „Gründerzeit", sollten in ihren Fassaden an die Bürgerherrlichkeit der freien Reichsstädte des Mittelalters erinnern. Der hochragende Belfried in Brügge wurde zum Vorbild der Rathaustürme in Berlin und Hamburg, Wien und München. Auch der preisgekrönte Entwurf im Wettbewerb für das Rathaus in Hannover hatte daher auf dem Turm mit gotischen Zinnen bestanden. Der große Architekt *Otto Wagner* jedoch, der Schöpfer der Wiener Ringstraße, der aus der Donaumetropole als Gutachter angereist war, empfahl, in Hannover es mit einer Kuppel zu versuchen. „König Heinrich" war Feuer und Flamme. Er setzte diese Idee gegen Widerstand des Magistrats durch und schickte Baumeister *Eggert* in die Wüste, als dieser sich weigerte, beim Innenausbau Künstler des Jugendstils heranzuziehen. Mit Heinrich Tramm war nicht gut Kirschen essen.

Zur gleichen Zeit wie der „Magistratspalast" wuchs übrigens ein anderer repräsentativer Großbau, die Stadthalle an der Eilenriede, aus ihren Fundamenten. Auch sie, dem Pantheon in Rom nachempfunden, wurde noch vor Ausbruch des Krieges fertiggestellt. Beide, Rathaus wie Stadthalle, verkörpern bis heute in ihren gewaltigen Abmessungen überzeugend das stolze Selbstbewußtsein des bürgerlichen Zeitalters, das mit dem Jahre 1914 zu Ende ging.

Beide Bauten bildeten die architektonische Krönung der Wilhelminischen Epoche in Hannover. Kaiser Wilhelm II. weilte gern und oft in den Mauern der ehemaligen Welfenresidenz. Mehr als einmal ritt er an der Spitze seines Regimentes, der Königsulanen, wenn dieses von einer Übung in der Vahrenheide in seine Kaserne am Königsworther Platz zurückkehrte. Und auch bei der Einweihung des Neuen Rathauses am 20. Juni 1913 sollte der Monarch zugegen sein und die Meldung des Bauherrn, Stadtdirektor Heinrich Tramm, entgegennehmen: „Alles bar bezahlt, Majestät!"

„Wilhelminisches" Pathos floß folgerichtig dem Verfasser in seine Feder. Wir sollten darüber nicht rechten. Auch Adolf Kiepert war nun einmal ein Kind seiner Zeit. Um so sympathischer berührt eine andere Seite seiner Darstellung: die Liebe zu seiner Stadt und der spürbare Stolz darauf, ein Bürger Hannovers zu sein. Seine Absicht war es, auch dem Ortsfremden etwas vom Wesen seiner Heimatstadt zu vermitteln, ihn mit dem notwendigen Fundament an historischem Wissen auszustatten und die besonderen Schönheiten der Stadtlandschaft zu erschließen. Das ist ihm gelungen. Uns, die geneigt sind, nach den bitteren Erfahrungen unserer jüngsten Vergangenheit an alle Erscheinungen zunächst die kritische Elle des prüfenden Verstandes anzulegen, mag der durch keinen Zweifel angekränkelte Enthusiasmus Kieperts fragwürdig erscheinen; aber auch er ist, bis in die mehr von Heimatliebe denn von lyrischer Meisterschaft geprägten Verse, Ausdruck einer Zeit, in der eben noch alles „in Ordnung" schien.

So sollte man diesen Nachdruck als ein historisches Dokument verstehen und werten. Gerade in einer Zeit, die von einer bedauerlichen Geschichtsferne geprägt ist, scheint es mir notwendig, Verständnis für das Denken und Handeln der Generationen vor uns wieder zu wecken. Denn ohne das Wissen um die Vergangenheit läßt sich kein Weg in eine Zukunft beschreiten. „Die Kinder sind notwendigerweise der Tod der Eltern", sagt der Franzose *Jean d'Ormesson*, „aber sie stammen auch von ihnen ab."

Jürgen Eyssen

VERZEICHNIS DER ABBILDUNGEN

I/J

K

L

M

N

O